AF482971

AS QUATRO

INTELIGÊNCIAS TRANSFORMADORAS

MARCUS LISBOA

As quatro inteligências transformadoras
Inteligências aplicadas à Transformação Cristã na Era Digital
1ª Edição
Marcus Lisboa, 2020

Edição, Correção, revisão e revisão final:
Suellen de Araujo Costa

Capa:
Jonatas Santos

Diagramação, capa e projeto gráfico:
Marcus V. P. Alcântara

Coordenação Editorial:
Nilce Sousa

Tradução inglês
Bianca E. Menezes Alves

Co-Autoria Capítulo Blockchain no Meio Ambiente e Agronegócio:
Cel Clyson Oliveira (Amazonas Coin)
Co-Autoria Capítulo Cripto Trade:
Antônio Neto Ais
Co-Autoria Capítulo Blockchain e Mineração PoC e PoP:
Hugo Luigi
Colaboradores:
Alexandre Nakatani, Paulo Lam, Sergio Magrini. Rafael Barbalho, Filipe Ferreira,
Rodrigo Freitas, Danilo de Falco, Matheus Pagani, Allan Salvatierra e Robson
Cocino

Publicado no Brasil por: **Cevi Produções**
CNPJ 07.856.521/0001-94
Caldas Novas, Goiás - Brasil
Instagram: **@editoracevi**
ceviproducoes@gmail.com

Direitos reservados. É proibida a reprodução total ou parcial da obra, de qualquer forma ou por qualquer meio, sem autorização prévia ou por escrito do autor. A violação dos direitos autorais (Lei nº 9.610/98) é crime estabelecido pelo Artigo 48 do Código Penal.

L769q Lisboa, Marcus
    As quatro inteligências transformadoras = The four types of transforming intelligency / Marcus Lisboa; coordenação editorial Nilce Sousa; tradução do inglês Bianca E. Menezes Alves. – 1. ed. – Caldas Novas-GO : CEVI, 2020.
    150 p. ; 21 cm.

    Inclui bibliografia
    ISBN: 978-65-5642-032-5

    1. Empreendedorismo digital. 2. Autoeducação financeira. 3. Inteligência artificial. 4. Tecnologias disruptivas. 5. Psicologia Religiosa. 6. Empoderamento humano. 7. Inovações tecnológicas. I. Título.
                                    CDU: 658.012.4

Catalogação na publicação por: Onélia Silva Guimarães CRB-14/071

Este é o primeiro livro de uma série composta de três títulos: "Criptomoedas: O Dinheiro do Futuro", " As Quatro Inteligências Transformadoras: Inteligências Aplicadas à Transformação na Era Digital" e "O Poder da Visão com Propósito: Como as Tecnologias Disruptivas podem transformar e impactar sua vida e o mundo".

A sequência intitulada "Série: Econômia Digital", busca elucidar temas complexos como as tecnologias disruptivas, o novo modelo financeiro trazido pelo surgimento das moedas virtuais e especialmente nos mostrar de que forma podemos nos conectar a esses assuntos tão presentes de modo a experimentar a amplitude de seus benefícios, gerenciando seu uso e servindo ao propósito e visão destinados a nós.

Meu desejo é que você se abra para conhecer conteúdos demasiado relevantes e permita-se ter descortinada uma nova visão a respeito da economia e de seu papel dentro dela, tornando-se um agente transformador no meio onde vive.

AGRADECIMENTOS

Agradeço a Paula Vaz, Robson Silva, Marselha Samora, Harlisson Charley, Alexandre Hilgert e Alexandre Salgado, Carlos Guerreiro, Fabio Reis, Rubens Lemos, Romulo Souto, Pastor Carlos Almeida, Pastora Meire, Pastor Sidnei Borges, Pastora Eliane Pereira, Pastor Jean Kleber, Pastor Glabson, Pastor Joseph Maluta, Bispo JB Carvalho, Bispa Dirce Carvalho e Thomas Carter.

DEDICATÓRIA

Dedico este livro a meus pais (*in memorium*) Alfredo Almeida e Irene Lisboa, meus irmãos Sérgio Luis, Carlos Alberto, Paulo César e Luis Cláudio, a meus filhos Marcus Jr., Debora Regina, Jessyca Cristina, Priscila Maria, Andressa Santos e Vinicius Galvão, a minha querida esposa e companheira Silvania Cristina Viegas, meus enteados, Junior, Moacir Neto e Silveria Viegas, meus genros, noras, netos e a todos os meus sobrinhos e amigos.

SOBRE O AUTOR

Marcus Lisboa, Analista de Sistemas e O&M, Criptógrafo, Especialista em Políticas de interesse Público e Gestor de Políticas Públicas e Governo, Especialista em Tecnologias Disruptivas, com Certificação Internacional em Digital Transformation & Blockchain, Fundador do Eco-Sistema e Prova de Consenso denominado Prova de Participação - PoP (Blockchain Permissionada), entusiasta da Blockchain baseada em Prova de Consenso - PoC - Prova de Capacidade, autor dos seguintes títulos: Cripto Moedas - O Dinheiro do Futuro; O Poder da Visão com Propósito e As quatro Inteligências Transformadoras, Presidente fundador do Instituto Nacional de Excelência em Políticas Públicas - INEPP, editor chefe do Blog WikiCryptoMarket.com, criador do Canal IP - Interesse Público e membro do conselho de presidentes da Christian Center for Public Life - CCPL para o Brasil - Organização Cristã Conservadora com sede em Washington e sede nacional em Brasília - Distrito Federal e criador do portal de educação profissional na área de Cripto Ativos, Cripto Trader e Cripto Economia www.cryptotech.com.br

Sumário

INTRODUÇÃO

Vivemos em tempos que a transformação digital é um evento inevitável e irreversível, e com ela advém a necessidade de nos reinventarmos. Nesse viés entra o empoderamento humano e uso de tecnologias disruptivas, capazes não apenas de gerar riqueza pessoal como proporcionar oportunidades e potencializar resultados em favor do Reino de Deus e de sua Igreja.

Toda transformação requer inovação e a que estamos vivenciando é marcada por disrupções em diversas áreas do conhecimento, da ciência e tecnologlas, que por serem marcantes geram rompimentos em diversos fundamentos clássicos e conservadores, no âmbito acadêmico, empresarial, profissional, político e governamental, gerando impactos cada vez mais relevantes e impreteríveis.

Assim, se faz necessário aprender a desaprender para conseguirmos voltar a aprender a reaprender, e nos inserirmos dentro do novo mercado e de uma nova economia predominantemente digital, que já está mudando e ainda irá transformar completamente o conhecimento, o aprendizado, as carreiras, as profissões, as empresas, a política, o governo e especialmente os negócios.

Para o enfrentamento de todas essas mudanças necessitamos ser inteligentes, ou seremos escravos das incontáveis aplicações e ferramentas que nos sobrecarregam de informações e oportunidades, mas também desafios, dependências e aprisionamentos.

Por isso, trago aqui de forma sucinta algumas qualidades necessárias para o enfrentamento desse novo momento, gostaria de apresentá-las como tipos de inteligências imprescindíveis para nos tornarmos de fato bem-sucedidos em todas as áreas.

INTELIGÊNCIA ESPIRITUAL

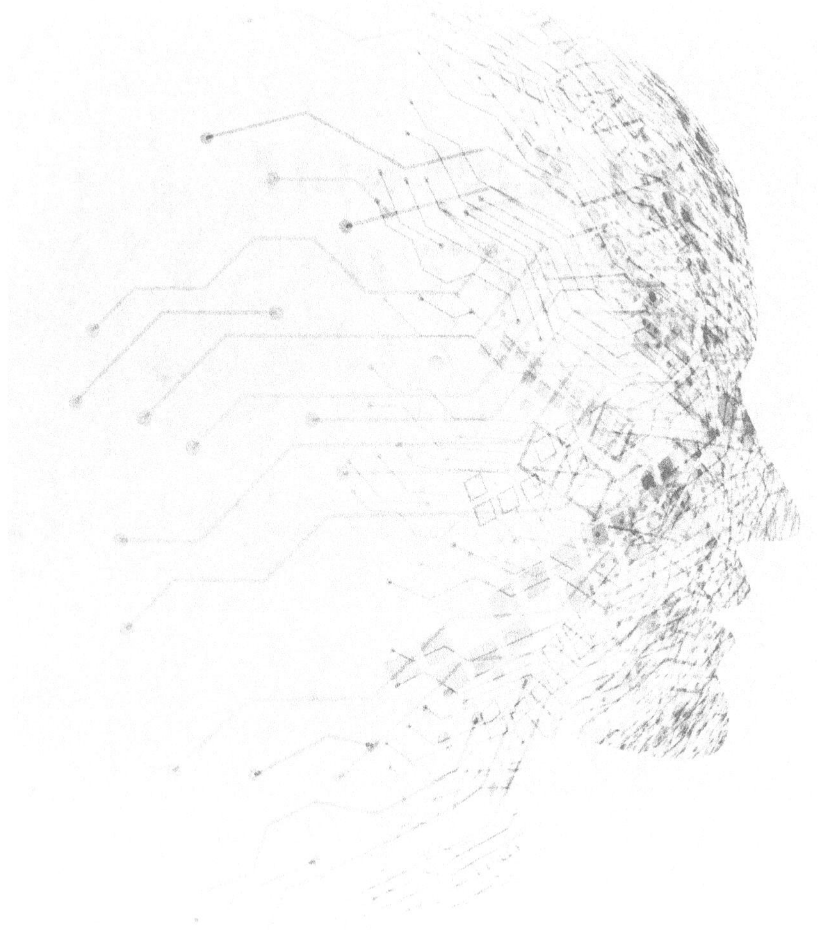

O Entendimento é proveniente da inteligência Espiritual:

Essa é disparada a mais relevante área da inteligência humana, quando comparada as demais aqui descritas, sendo a única capaz de ensinar a lidar com questões essenciais, ao passo que deva ser considerada, como a única e exclusiva chave para adentrar em uma nova era cada vez mais digital e, por conseguinte, influenciar o mundo dos negócios.

A busca por um elevado nível de quociente espiritual é indispensável pra quem desejar obter sucesso em qualquer esfera. O que significa na prática, ser capaz de usar sua proeminência espiritual para ter uma vida mais plena e com mais sentido, promovendo um adequado senso de finalidade e direção pessoal e profissional, otimizando esforços, recursos e resultados, ampliando nossos horizontes e nos tornando cada vez mais criativos e prósperos.

Essa é uma inteligência de origem sobrenatural, que nos impulsiona, e através dela, somos verdadeiramente capazes enfrentar e solucionar problemas de sentido e valor, e sobretudo nos capacita a ser relevantes em uma sociedade que carece de referenciais.

Ela também está diretamente ligada à necessidade humana de se auto conhecer, se auto diagnosticar e se auto curar através da entrega plena de sua vida e seu destino na presença do Senhor, o reconhecendo como seu único e suficiente salvador e redentor. E como consequência, entender o seu verdadeiro propósito neste mundo e cumpri-lo tempestivamente e com excelência, obediência e determinação.

É através da Inteligência Espiritual que calibramos as nossas atitudes para desenvolvermos valores éticos e crenças que vão nortear nossas ações, aspirações, vocações, emoções e resultados, aplicando novos conhecimentos e experiências em nossa existência, aprimorando nossos valores e senso de justiça, ética, moralidade e verdade, fazendo de nós seres humanos transformados.

Apenas o ser humano transformado é capaz de se tornar um transformador, pois com coração quebrantado pela ação do Espírito Santo ele será capaz de auxiliar e contribuir para o crescimento do reino, ajudando o próximo e exercendo com fé, determinação e coragem o seu ministério e chamado, pois, passa a entender aquilo que faz como um comissionamento.

Nós todos devemos ser verdadeiros embaixadores de Jesus Cristo na terra, levando sua Palavra, alcançando vidas e resgatando almas para o reino celestial, reconhecendo as bênçãos que o Senhor promete para aqueles que são fiéis em contribuir e investir na Obra de Deus.

Esse entendimento, nos faz compreender as razões de tantos cristãos falharem nas suas obrigações, quando a Bíblia ensina sobre dízimos, ofertas, primícias, generosidade, avareza, cobiça, etc. É importante reconhecer alguns critérios que devemos usar para estar em obediência, e a Palavra é nosso padrão de conduta, gerando consciência, confirmações, revelações e, por conseguinte, a obediência.

Diante disso, temos nos aplicado ao conceito de Transformação Digital Aplicada às Pessoas, do qual falaremos com mais propriedade a seguir. No entanto, para que haja efetiva aplicabilidade necessita estar alinhado e harmonizado com a inteligência espiritual, já que conhecendo ou reconhecendo o nosso verdadeiro Propósito de vida e existência, poderemos tomar a difícil, porém necessária decisão de trilhar um novo caminho.

Esse caminho é muito promissor, mas absolutamente desconhecido, e é necessário que aquele que o pretende esteja disposto a mudar de trajetória e encarar os inevitáveis desertos que visam nos transformar e nos fazer agentes de transformação, pois só nessa condição poderemos alcançar o êxito, felicidade plena e senso de propósito. A aplicabilidade dessa e demais inteligências descritas a seguir são indispensáveis para prosseguir esse caminho.

INTELIGÊNCIA EMOCIONAL

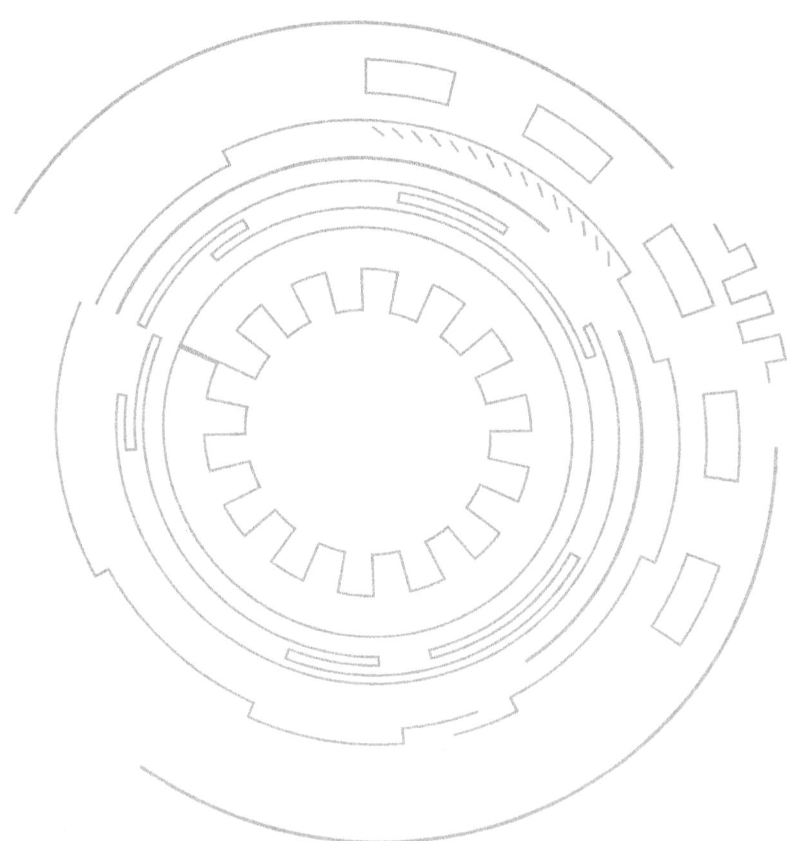

A compreensão é proveniente da inteligência emocional

Mais que nunca a inteligência emocional se torna uma necessidade latente do ser humano, pois nos confere a capacidade de gerir as próprias emoções e manter-se focado em um tempo em que a dispersão é uma realidade. Somos literalmente "bombardeados" por uma série infinda de conteúdos e estímulos e se não calibrarmos nossa percepção seremos inevitavelmente abatidos.

Tem se verificado que os quadros aliados a desarranjos emocionais correspondam a uma grande parcela das doenças físicas e incapacitantes, de modo que a busca permanente por mais e melhor saúde emocional nessa nova era de transformação digital não é apenas uma necessidade intelectual, mas de sobrevivência.

É extremamente necessário ampliar o nosso sentido de concentração e disciplina, evitando a dispersão, não permitindo que a tecnologia e os avanços da inevitável transformação digital, dispersem nossa capacidade de foco, além da observância de nosso verdadeiro propósito e harmonia com os conceitos das demais inteligências aqui referenciadas.

Torna-se relevante e concentrar-nos em cada um dos nossos principais e mais relevantes projetos e/ou em nossos negócios ou empreendimentos, assim como em nosso trabalho, em nossa família e especialmente, determinadas ações que exigem ainda mais exercício da nossa disciplina e comprometimento.

É importante ou até mesmo imprescindível nos mantermos saudáveis, criando novos hábitos de passear, viajar, conhecer novas pessoas, fazer novas amizades e vivenciar novas culturas, trocar experiências, contemplar a maravilhosa e divina natureza e claro, buscar se exercitar sempre.

A era digital não pode transformar a nossa essência, antes devemos usá-la como forma de dispor de mais tempo, prover mais e melhores recursos naturais, ambientais, climáticos, culturais, econômicos e financeiros, além de melhorar nossa saúde física, mental, emocional e espiritual, gerando e distribuindo mais riquezas e possibilitando obter a verdadeira prosperidade, que consiste em estar plenamente feliz e realizado, nessas e em outras áreas.

Sabemos que a riqueza não tem conexão direta com a prosperidade, que não pressupõe acumular muito dinheiro, posse de propriedades ou atributo de poder, mas exercer uma autoridade soberana com absoluta satisfação, realização pessoal, profissional e empresarial, no exercício da felicidade plena, onde por sermos prósperos, cumprirmos e deixarmos legados para as nossas próximas gerações.

Assim, torna-se inevitável ampliarmos nossas relações reais, menos virtuais e de preferência com absoluta ausência de artificialidade, reforçando laços e vínculos com as pessoas do nosso convívio familiar, congregacional, no ambiente de negócios, trabalho e lazer, procurando estabelecer mais relacionamentos presenciais e humanos que virtuais e artificiais e assim alcançar a tão almejada felicidade.

Felicidade passa por Escolhas

Algo que precisamos ter em mente é que a felicidade não é obra do acaso e, portanto, passa por escolhas, que por sua vez precisam ser pontuais e bem direcionadas, caso contrário não passarão de desejos que jamais serão cumpridos. Veja algumas dessas práticas:

a) Seleção de grupos para seguir

Não devemos seguir pessoas porque outros as estão seguindo, ou por que falam coisas que parecem engraçadas no primeiro momento, pois amanhã podem representar uma influência negativa para nossos filhos e familiares por seus valores descomprometidos com a Palavra de Deus. Devemos seguir pessoas por afinidades, por propósitos semelhantes aos nossos, por vocações similares, por sinergias de negócios ou oportunidades.

Jamais devemos dar crédito a quem ataca valores como a família, o cristianismo, a ética, a moral e os bons costumes, ou ainda aqueles que usam da política para usurpar riquezas ilícitas, favorecer a corrupção e defender regimes e sistemas que aprisionam a liberdade, empobrecem e emburrecem, concentram riquezas, distribuem esmolas e conservam a miséria dos povos.

b) Proteção da Privacidade

Nós devemos buscar mecanismos de proteção à nossa vida particular, tomar medidas que efetivamente preservem a nossa privacidade e a do outro, e que igualmente promovam liberdade e mantenham o limite necessário para que a nossa vida não se transforme em uma "vidraça", onde todos podem atirar pedras, ou em "vitrine", onde nos expomos desnecessariamente.

c) Bom uso das Redes Sociais

Em palavras mais simples digo que devemos usar as redes sociais, mas nunca permitirmos que as redes sociais nos usem, corrompendo nossos valores, famílias, amigos e até mesmo nossas economias e finanças. Isso quer dizer que precisamos aprender a deixar de comprar e consumir bens desnecessários, sermos inteligentes naquilo que compartilhamos, especialmente quando se trata de nossos problemas pessoais.

É essencial que quando tivermos que desabafar ou compartilhar algo, sejamos discretos e procuremos preferencialmente o nosso pai ou protetor espiritual, caso não os tenhamos, que selecionemos a pessoa mais discreta, imparcial e leal, e nem sempre será a mais próxima, pra que a questão não se avolume ainda mais e que ao invés de soluções encontremos ainda mais problemas.

Todas essas são questões ligadas a inteligência emocional e reforçam nossa capacidade em lidar com problemas nos mais diversos âmbitos, além de nos blindar de cargas tóxicas que adoecem a mente, a alma e até mesmo o físico.

CAPÍTULO 3

INTELIGÊNCIA RACIONAL

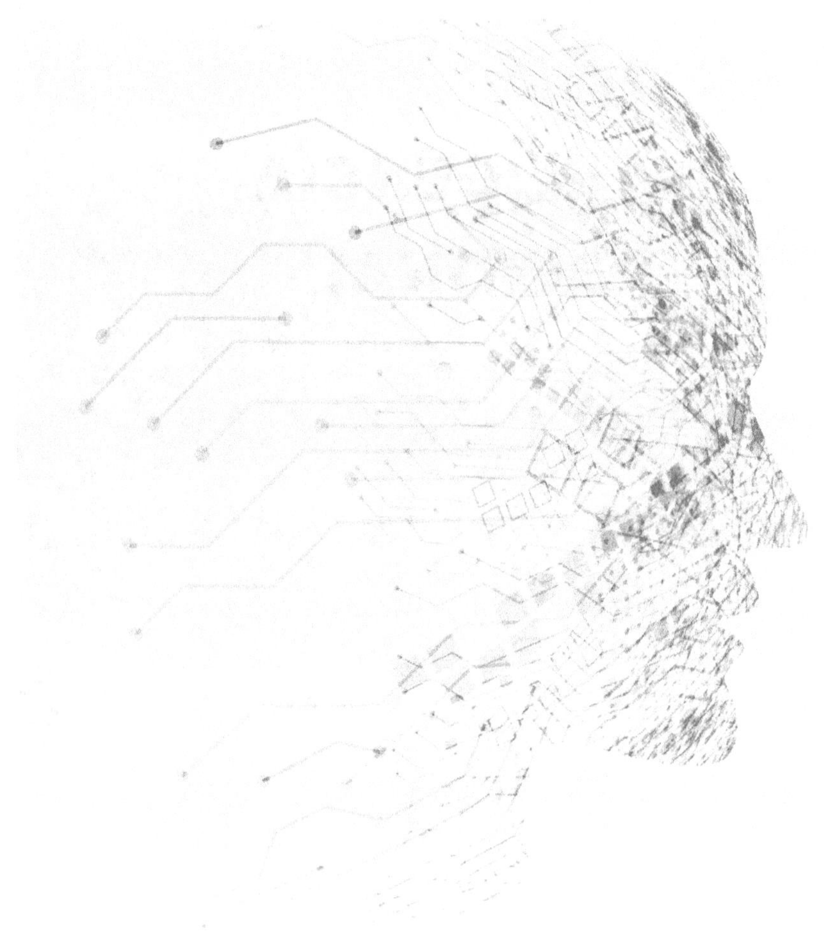

A consciência é proveniente da inteligência racional

Em um mundo em plena transformação digital, requer de cada um de nós, uma capacidade ampliada de racionalidade, adaptação, adoção de novas tecnologias, ferramentas e mudança de mentalidade e comportamento permanente.

Além disso, a exposição a um número cada vez maior de informações impacta de maneira sobrenatural nosso imaginário e altera frequentemente o nosso campo de percepção da realidade, muitas vezes nos levando a cometer erros, autossabotagem e mascarar nossa própria realidade em detrimento de uma vida real e cheia de significado.

Esse tipo de comportamento de fuga pode nos levar a camuflar nossa própria identidade, e assim deixamos não apenas de ser autênticos, mas de cumprir o propósito integral para o que fomos criados. Assim, esse é um caminho a ser evitado a todo custo por aquele que deseja buscar a felicidade, já que ela se fundamenta em bases realistas.

Jamais conseguiremos viver uma outra identidade que não nos pertence, devemos pois, buscar um novo alinhamento de propósitos e construir nossas vidas fundamentadas em verdade, o único caminho capaz de nos trazer maiores e melhores benefícios e resultados.

A Era da Comunicação

Somos a cada instante desafiados e direcionados por um "Novo Tsuname" de informações, contextualizações, provocações e notícias que possuem fluxo próprio e nos carregam para lugares desconhecidos e por vezes problemáticos.

A Inteligência Racional na era digital é marcada por uma descontrolada e crescente velocidade virtual com uma grande diversidade dos meios de comunicação, além de profundos impactos na economia cada vez mais digital, nas finanças cada vez mais descentralizadas e nas riquezas cada vez mais desconcentradas, objetivando melhor distribuição e justiça social.

Tudo isso nos obriga a reconhecer nossas limitações, aceitar os novos processos e tecnologias, entender seus impactos, relevâncias e aproveitar suas oportunidades, aplicando tudo isso em seu propósito de vida e existência naturalmente.

A Inteligência Racional na era digital, possibilita nos prepararmos, participarmos e nos beneficiarmos com os pioneirismos, e do privilégio de começar uma nova e promissora jornada, alinhada a um movimento irreversível da desintermediação dos negócios e soluções dos grandes Grupos Econômicos e Financeiros Globais.

Empoderamento Humano

Entendemos que cada vez mais, o poder de decisão é um atributo exclusivo do indivíduo, e a cada momento, vamos escutar mais e mais a expressão: transações Peer to Peer (Pessoa a Pessoa), desonerando processos e permitindo maior liberdade, autonomia e busca permanente de mais privacidade e menos dependências, interferências e intromissão do Estado, dos Monopólios Empresariais, Financeiros e dos grandes Big Datas.

Fruto da evolução humana e de nossa contínua busca por inovação e melhorias, especialmente na área da computação e da comunicação, uma nova revolução social se apresenta como nunca visto antes, com impacto direto na vida das pessoas, nos negócios, na economia, nas finanças, no sistema monetário e mercado de ativos, todos componentes de uma extraordinária transformação digital e tecnológica.

Super Conectados

De acordo com a consultorias especializadas, apenas o mercado que denominados Internet das Coisas em inglês a sigla IoT, irá movimentar U$ 7,3 trilhões em apenas três anos. Estima-se ainda que, até 2020/2021, existam de 26 a 30 bilhões de dispositivos conectados à Internet das Coisas.

Para entender o que esses números superlativos representam no nosso dia a dia, basta prestarmos atenção no uso que já fazemos dos dispositivos móveis. Estima-se que atualmente uma pessoa está rodeada por quatro ou cinco desses aparelhos, em média. Isso porque a tecnologia torna nossas aspirações humanas mais prováveis, ajudando a realizar tarefas de maneira mais fácil.

Com o advento dos smartphones, um dos protagonistas dessa nova era, passamos a usufruir de uma explosão de conexões. Nunca antes tivemos tão conectados com outras pessoas, ambientes, empresas e objetos.

Diferentemente de algumas evoluções anteriores, que eventualmente traziam inovações impactantes para seus CLIENTES, mas sempre através das grandes empresas e seus incumbentes (detentores de certos monopólios ou grupos predominantes de mercado), como é o caso do uso de aparelhos de fax, câmera fotográfica, vídeo locação, telefonia sem fio e etc.

No entanto, hoje é muito comum os USUÁRIOS, possuírem dispositivos móveis e outras tecnologias para uso pessoal mais potente, como uma melhor experiência de acessibilidade e usabilidade, com redução drástica de custos, se comparadas com as soluções que eram usadas apenas no ambiente corporativo.

Desintermediação, Descentralização e Desconcentração de Riqueza

A desintermediação, a descentralização e a desconcentração de riquezas que estão reduzindo ou até mesmo desconstruindo setores inteiros da economia, derrubando impérios e desfazendo monopólios, concentradores e centralizadores de mercado e riquezas no âmbito local, nacional e mundial.

Todo esse movimento caminha para um futuro que já está sendo presente, não sendo mais possível voltar ao que éramos antes, seres humanos desconectados e individualizados com uma vida pessoal e profissional desconectada.

Hoje, a interação é frequente e mandatária, as empresas que desejem sobreviver, já entendem o potencial dessa mudança e suas inevitáveis transformações e consequências, e por isso, investem cada vez mais no desenvolvimento de novas fontes de valor e experiências para manter os seus atuais clientes, buscando como evitar que o mesmo migre para outras plataformas digitais para conhecer e avaliar novas e extraordinárias experiências complementares para um usuário cada vez mais conectado e exigente.

É possível perceber a presença dessas tecnologias, na criação de novos modelos de negócios e serviços digitais e virtuais, considerando a crescente geração de informações e transações em tempo real, na identificação eficaz de usuários ao acessarem sistemas e dispositivos inteligentes, no gerenciamento global de dados, transações e operações inteligentes, na oferta inovadora de computação e armazenamento em nuvem, no expansivo uso de redes sociais, além do cuidado na proteção e na privacidade de dados e transações interligadas.

CAPÍTULO 4

INTELIGÊNCIA FINANCEIRA

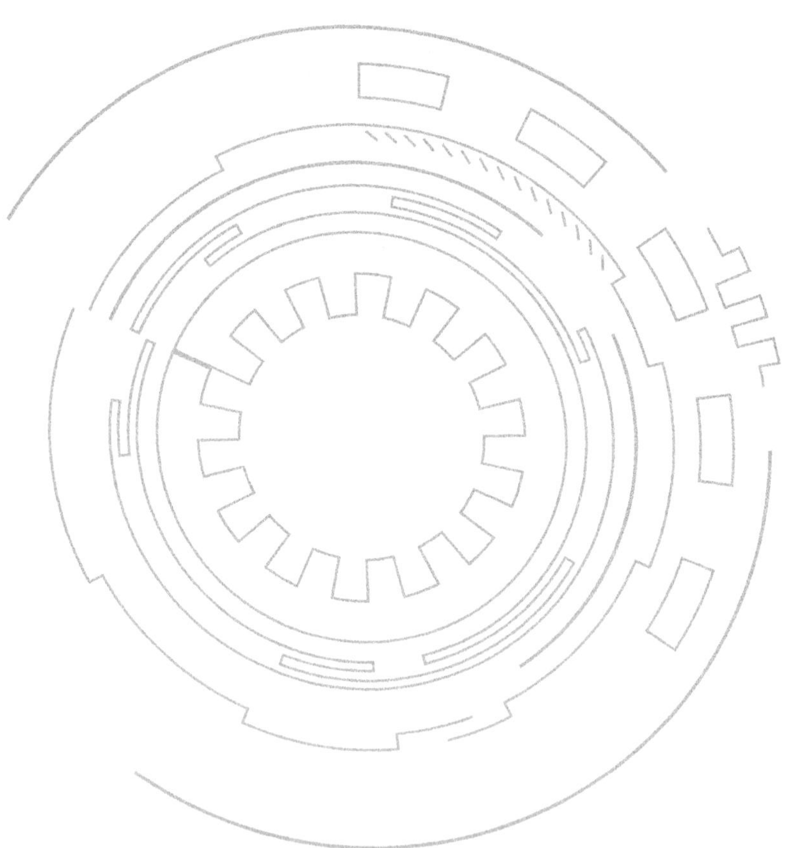

A Independência econômica provém da Inteligência Financeira Digital.

Em uma nova era cada vez mais digital das finanças, da economia, dos ativos e do dinheiro Digital ou Virtual, a aplicabilidade com equilíbrio em cada uma das inteligências mencionadas acima, requer que seja colocada em prática, de forma conjunta e em harmonia, cada uma de suas características mais relevantes.

E com relação a inteligência financeira digital, sabemos que dela provém a independência e liberdade nessa nova economia virtual. Isso fala de empoderar-se, de buscar alinhamento ou realinhamento de propósitos para uma plena compreensão dessa disruptiva inteligência, que será dentre as demais, a que mais gerará impactos, transformações e mudanças de configuração da nossa mente.

Apenas essa mudança de mente é capaz de nos fazer entender, aceitar e se beneficiar dessas extraordinárias transformações e nos fazer participantes ativos de seus benefícios econômicos, financeiros e monetários.

Empoderamento com Propósito

Não existe empoderamento humano sem propósito, sabemos que pode existir ou coexistir conhecimento e compreensão, inclusive obtenção de Inteligência adquirida, riqueza conquistada, mas quando não se conhece o propósito que é o atributo da essência, não se capitaliza nenhuma transformação.

Desse modo é possível, mesmo experimentando a melhora financeira, não perceber ou reconhecer o verdadeiro propósito para isso. E para essas pessoas, cujos objetivos são rasos e infundados, qualquer lugar serve, qualquer caminho leva ao mesmo ponto, pois não há estímulos nem razão de valor, mesmo havendo os outros atributos aqui mencionados.

Se faz necessário entender que sabedoria é um dom e uma graça disponibilizada apenas os escolhidos por Deus, que recebem quando merecem e já se dispuseram e pagaram o preço, que não é pequeno e muito menos fácil, mas uma vez alcançada essa graça, tem um valor inestimável que justiça a própria existência.

A nova economia digital e as finanças descentralizadas é uma ferramenta para inclusão sócio-digital de pessoas, grupos, nações e continentes, e que cujos princípios estão presentes na Bíblia Sagrada, ensinando-nos a respeito da verdadeira prosperidade e liberdade financeira, empreendedorismo e aumento de capacidade de gerar e distribuir riquezas em favor do reino.

Falaremos de forma mais detalhada desse assunto adiante, quando nos forem apresentadas algumas ferramentas criadas a partir dos valores bíblicos. No entanto, por hora faz-se mister que entendamos um pouco a respeito das principais áreas com potencial disrupção e transformação tecnológica para a próxima década:

Internet das Coisas

Inteligência Artificial

Robótica Avançada

Energia Alternativa e Renovável

Tecnologia Blockchain e Tokenização de Ativos Digitais

Usos tecnológicos

O surgimento dessas novas tecnologias fazem a conexão entre pessoas e objetos – os chamados devices (dispositivos digitais em 3D para vestir, criar, projetar, construir, mobiliar e muitas outras coisas) e com eles executar um sem número de funções como as relacionadas a saúde (medir a pressão arterial, temperatura corporal, controlar taxas de glicose..), automatizar residências, comércio, indústria, governos, gerenciar frotas e tanto de outras coisas por meio da tecnologia bem empregada.

Isso tudo, contando apenas com a ajuda de celulares, relógios, pulseiras, etiquetas de rádio frequência (RFDI) e drones. Ou seja, já estamos na era em que objetos inteligentes nos ajudam a realizar tarefas cotidianas, seja em casa ou no trabalho e aquele que deseja experimentar o empoderamento com propósito necessita atualizar-se sobre elas.

CAPÍTULO 5

PRINCÍPIOS TRANSFORMADORES

Fundamentos da Transformação Cristã na era Digital

Para que que alcancemos a prosperidade financeira e para que sobretudo entendamos o propósito por detrás da geração de riquezas, necessitamos tomar algumas atitudes práticas, as quais descreverei a seguir em sete simples, porém poderosos princípios:

1- Mudar/Transformar

Se faz necessário mudar completamente o Mindset (MIND = Mente / SET = Configuração), ou seja mudar a configuração integral da nossa mente, entendendo que o trabalho e o salário ou a retribuição resultante do mesmo, sem dúvida dignifica o homem, mas somente a produção e produtividade é que de fato geram oportunidades e possibilidades de construir bases para se alcançar a verdadeira liberdade financeira.

2- **Empreender/Produzir**

Nesse contexto, através do empreendedorismo facilitado pela extraordinária transformação que tem alcançado a todos e com alguma preparação, foco em resultado e propósito alinhado, podemos e devemos empreender para poder criar e vender soluções que nos ajudem a conquistar a tão sonhada liberdade financeira.

No entanto, é importante também aproveitar-se desse momento, pois assim seremos pioneiros e nos beneficiaremos por estarmos no início dessa nova onda que irá reconstruir mercados e provocar profundas transformações no mercado de trabalho, empreendedorismo e no sistema político e governamental.

Tudo isso, nos obriga a nos prepararmos para enfrentar os grandes desafios dessa nova era da Transformação Digital, uma verdadeira revolução social, que acompanhada de uma nova revolução industrial, que estamos vivenciando exatamente nesse momento, onde as organizações precisam oferecer algo a mais aos seus colaboradores para estarem sempre atualizadas e competitivas no mercado.

Companhias de diversos setores já perceberam esse movimento e começaram a investir não apenas em tecnologias, mas em melhores experiências para os usuários, que facilmente migram de uma aplicação a outra, sem estarem reféns das empresas, sejam elas mais clássicas ou conservadoras.

Tenho percebido que quanto mais burocrática, engessada, onerosa e sem transparência uma empresa é, mais rápido o novo USUÁRIO já transformado digitalmente, mudará de plataforma e iniciará uma nova experiência.

3- **Transformar / Romper**

Uma inesperada disrupção no setor bancário, financeiro e monetário se aproxima, com a tecnologia blockchain, pagamento instantâneo e em particular a portabilidade dos seus dados financeiros conhecido como Open Bank, que já está dando seus primeiros passos.

Essa portabilidade possibilita ao usuário levar consigo os seus dados cadastrais e financeiros para qualquer outra empresa Fintech, bancos digitais ou bancos tradicionais, com total liberdade, decisão e poder discricionário.

Tamanha transformação, inovação e disrupção também precisa ser observada pelas novas startups, porque cada vez mais, o prazo de validade da inovação ou da disrupção está sendo menor, por isso, é necessário atualizar-se, inovar-se e reinventar-se sempre.

Novas Startups em diversos setores da economia formal e especialmente para a economia informal, surgem todos os dias, contudo, é imprescindível que estejam usando tecnologias embarcadas e que esteja disponível e seja acessível via Smartphone, para uma melhor experiência dos usuários.

4- Capacitar / Qualificar

Precisamos nos capacitar para sermos geradores de riqueza, vivemos em um mundo de oportunidades que sempre estão presentes para aquele que se dedicaram e investiram tempo na qualificação. Por exemplo, se possuirmos habilidades ou experiência financeira, podemos criar ou participar de Fintechs, Bancos Digitais.

Já se nossas habilidades forem no ramo de tecnologias, investimentos e mercado de capitais, podemos criar ou participar de CryptoTechs, Corretoras / Bolsa de Cripto Ativos, Tokenização de Ativos Digitais. Assim como com o conhecimento Jurídico e Legal, podemos criar ou participar de LegalTechs é os na área de saúde, criar ou participar de healthTechs.

De modo semelhante, se possuirmos habilidades ou experiência na construção civil, podemos criar ou participar de ConstruTechs, na área de seguros, podemos criar ou participar de InsurTechs, e ainda tantas outras áreas onde a tecnologia vai predominar e se tivermos capacitação e experiência podemos ser expressivos em nossa área de dominância.

O mercado será inevitavelmente transformado e cada uma dessas novas arquiteturas, design e tecnologias, visa solucionar problemas, eliminar processos ultrapassados, reduzir drasticamente custos e criar novas e extraordinárias experiências com os usuários, cada vez mais exigentes e conectados, agregar valor ao mercado, gerar e distribuir riquezas de forma mais descentralizada e podemos ser parte disso.

AUTOEDUCAÇÃO FINANCEIRA

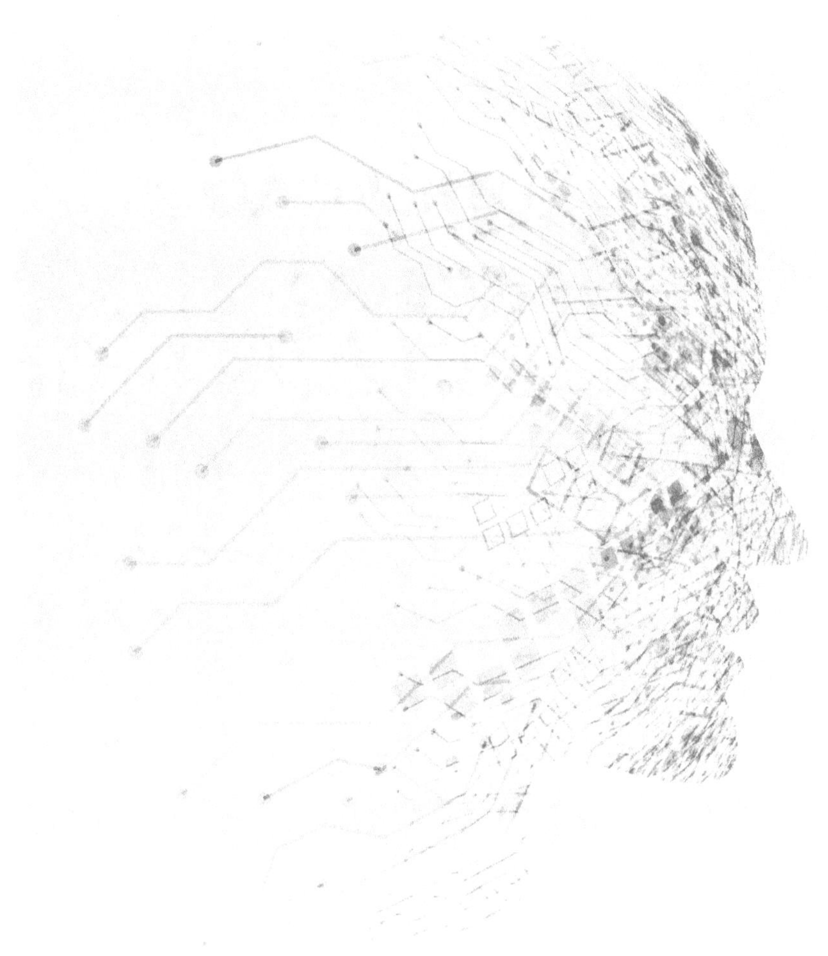

O mais Importante Passo para a Prosperidade

Além dos quatro pontos abordados no capítulo anterior e que possuem uma abrangência mais global e genérica, temos também outros três que abarcam soluções mais individualizadas e pessoais, mas sem os quais jamais poderemos alcançar a prosperidade financeira e a liberdade econômica. Estes se baseiam na autoeducação financeira, ou seja, na adequação do comportamento financeiro. São eles:

1- Economizar / Poupar

Com a mudança da configuração da nossa mente, apresentada acima, se faz absolutamente necessário exercer uma auto educação financeira, com as inúmeras soluções e algumas ferramentas inclusive gratuitas, disponíveis na internet, para um simples controle de Receitas e Despesas (contas a pagar e a receber) de nosso orçamento familiar, de nosso pequeno negócio ou empreendimento.

Essas ferramentas se baseiam em conceitos simples, porém muitas vezes negligenciados, como o de que nossas despesas jamais devem ultrapassar 70% de nossa receita pessoal, seja como indivíduo ou como família. Além do princípio dos dízimos, onde minimamente os 10% sobre nossa receita ou renda não devem ser negligenciados. Assim os 20% restantes deveriam ser guardados/economizados ou aplicados em investimentos diversificados, dos quais falaremos adiante.

No entanto, faz se mister dizer que o hábito de controlar, guardar/economizar faz parte dessa mudança de configuração da nossa mente, que permite que possamos buscar assessoria adequada e especializada, para receber suporte e apoio para realizar um plano financeiro nessa nova economia digital, definido em premissas e propósitos e com absoluto comprometimento com os esforços e resultados empreendidos.

2- **Gastar / Desperdiçar**

Igualmente, a partir da efetiva transformação da sua mente, alguns problemas internos que fazem com que gastemos mais do que ganhamos, tais como ansiedade, status, compulsão, imediatismo em possuir, vaidade e ostentações vão deixar de existir e desfrutaremos paz econômica.

A transformação digital com propósito, com a mudança de mentalidade, com planejamento e educação/orientação financeira, iremos nos desafiar mutuamente, a um arrependimento real e a desenvolver prudência e simplicidade em nossa vida.

É indispensável se aprender a guardar e economizar dinheiro, igualmente buscando orientação de como elaborar um plano de contingência para sair de eventuais dívidas e vícios econômicos e financeiros, baseados em crenças e hábitos que nos aprisionam e impedem que conquistemos a tão sonhada e merecida liberdade econômica e financeira.

Liberdade econômica não é apenas uma utopia, mas todos nós podemos e devemos alcançar, basta que nos disponhamos a mudar nossos atuais conceitos, obedeçamos métodos e disciplina, assim seremos capazes de manter o foco nas metas e resultados, criarmos e gerarmos renda passiva, cumprirmos com o planejamento financeiro.

Todas essas ações fazem parte de um auto desafio financeiro, objetivando superar as próprias metas para irmos a um nível ainda maior, o que produzirá maior satisfação, liberdade e independência. Não somente riqueza, mas prosperidade plena.

Se faz necessário elaborar e seguir um orçamento anual. Analisaremos a diferença entre necessário e supérfluo, e o processo que devemos usar para adquirir sonhos como: (casa e carro) e propósitos como: (Liberdade Financeira e Renda Passiva) além de aprender a lidar com pequenos desperdícios que somados, nos impedem de alcançar sonhos, metas e propósitos.

3- **Investir / Gerar Renda Passiva**:

Essa é a parte mais importante a ser aplicada na Inteligência Financeira e Monetária na era digital, uma verdadeira transformação de modelos, oportunidades, caminhos, acessibilidades e experiências, jamais acessíveis no passado a pessoas comuns, mas no presente cada vez mais facilitada, menos onerosa, eficiente, segura, além de produtiva e com pouca ou nenhuma complexidade.

É importante que saibamos que para podermos investir e multiplicar o nosso dinheiro, capital e riquezas, não importa o tamanho ou nosso perfil de investidor, se mais conservador ou agressivo, pois contamos com inúmeras Fintechs, Bancos Digitais, CriptoTechs, Ativos Digitais disponíveis.

O mercado de Capitais e o sistema monetário atual, até então, controlado pelos Gigantes Incumbentes desses Mercados, que tinham o Cliente como sua propriedade e refém, deparam-se agora com uma nova realidade, em que o Cliente já não é visto dessa maneira pelas plataformas digitais disruptivas, que os consideram USUÁRIOS SOBERANOS.

Esse novo patamar assumido pelos usuários, fez com que a experiência deva ser a melhor, mais eficaz e desburocratizada possível, além de com maior valor agregado, permitindo com que se possa fazer cada vez mais coisas na mesma aplicação.

Vivemos em tempos onde o menos é sempre mais, nada de banco de praça, nada de agências, lojas físicas ou complicações, tudo deve ser resolvido em poucos cliques. Já contamos com muitas soluções disponíveis e outras estão chegando ao mercado, no entanto, as melhores soluções e as melhores plataformas digitais ainda nem sequer existem ou foram lançadas.

Hoje podemos ter uma conta digital sem custos de manutenção ou mensalidade em uma Fintech ou Banco Digital, com cartão de Crédito e Débito, sem para isso pagar anuidades e com juros muito baixos, inimagináveis na antiga experiência tradicional. Quem poderia prever zero custo para realizar transferências internas, emitir um DOC ou uma TED, ou mesmo para adicionar fundos via Boleto Bancário ainda que de outro Banco tradicional?

Aliás, é importante que se diga que em novembro desse ano, com o pagamento instantâneo já anunciado pelo Banco Central, deve acabar essas modalidades de DOC/TED e praticamente desaparecer o uso do Boleto. Ainda é possível abrirmos uma conta de Cripto Ativos em uma Plataforma de Intermediação ou Plataforma de Custódia de Ativos Digitais, ou ainda Cripto Bancos Digitais baseados em Blockchain.

A tecnologia em questão está provocando a descentralização das finanças digitais e do setor monetário mundial, convivendo com ativos financeiros estatais centralizados e públicos descentralizados, sem interferência ou controle estatal.

No entanto, vale lembrar que essa área requer mais atenção e assessoria especializada, pois por não estar ainda regulamentada, muitos oportunistas usam esse novo mercado para promover esquemas piramidais e de captação de investimentos ilícitos e aplicam golpes nos menos experientes.

Mas se bem assessorado, com conhecimento e disciplina, pode esse novo mercado dos ativos digitais, gerar grandes riquezas e oportunidades, para iniciantes e experimentados investidores e assim o nosso dinheiro passa a trabalhar sem parar em nosso favor.

Lembre-se que se decidirmos gastar o nosso dinheiro, vamos seguir trabalhando o resto da vida para ele, como um verdadeiro escravo, e não há liberdade onde existe escravidão, pois a renda passiva é a melhor renda que uma pessoa, empresa ou organização deve perseguir, conquistar e se beneficiar, gerando dividendos e participações em um mercado específico ou combinado.

Investir em renda passiva é a melhor e mais poderosa solução, capaz de transformar nossas vidas, de nossa família e ainda, podemos replicar para os nossos negócios/empreendimentos e recomendar aos nossos amigos. Para isso, devemos analisar princípios e estratégias para construir um caminho seguro, promissor e sólido para nossas finanças com inteligência, alta tecnologia transformadora e consolidadora.

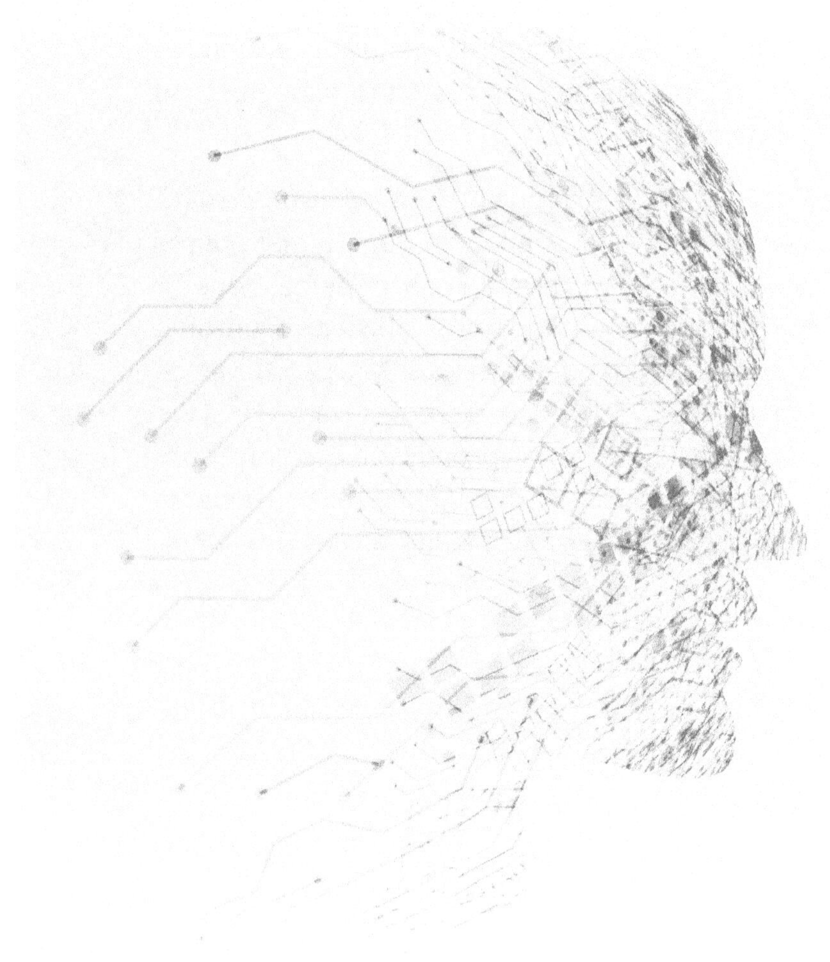

CAPÍTULO 7

EMPREENDEDORISMO DIGITAL

Oportunidades e Riscos

De forma mais singela, podemos conceituar o empreendedorismo digital como a capacidade de criar negócios sem a necessidade de um espaço físico, utilizando-se apenas da internet. Mas como eu já disse anteriormente apesar de um campo de muitas oportunidades, apresenta alguns riscos, pela enorme quantidade de aproveitadores que burlam as leis e prejudicam pessoas e negócios.

Sabendo disso e com base em minha vasta experiência com negócios digitais, gostaria de fazer desse conteúdo uma orientação de como fugir de esquemas fraudulentos, pirâmides financeiras e plataformas de investimentos ilegais. Pois como bem sabemos dinheiro fácil não existe, apenas às custas de muito trabalho e esforço.

Com base nisso lançarei as seguintes questões:

- Plataformas de Venda Direta e Renda Extra? Multinível? Criptomoedas? Mineração? O que é fato, o que é lenda, o que é legal, legítimo e o que é golpe e fraude?

• Plataformas de Trade, Arbitragem, Corretoras de Investimentos, Ações, Comódites, Valores Mobiliários, Instrumentos Financeiros e Ativos Digitais. O que é legal, legítimo e o que é golpe e Fraude?

• Como podemos evitar entrar em esquemas de pirâmide financeira ou de captação de fundos com remuneração sobre capital ilegal e crimes contra a economia popular? Quais os meios de se proteger e orientar nossos irmãos, amigos e familiares como fugir dessas armadilhas que podem levá-los a se meter em problemas legais, com impacto civil e criminal?

A resposta para todas essas questões é uma só: "A Informação previne e o conhecimento Transforma". Antes de entrar em qualquer um dos negócios mencionados acima e outros similares, procure saber o tempo de constituição da empresa, seus fundadores e dirigentes e se possuem licença para operar.

Tratando-se de investimento e captação sempre será necessária essa pesquisa mais a fundo, pois negócios que pagam residuais ou renda passiva sem estarem licenciados, em geral, se configuram como pirâmides financeiras ou crime contra a economia popular, e além do risco de se perder dinheiro, há a insegurança jurídica.

É bastante preocupante o fato de não poder recuperar o dinheiro empregado em razão da inobservância de requisitos indispensáveis antes de realizar qualquer investimento, além do mais, também poderá o investidor incorrer em crime de solidariedade especialmente, quando o modelo de negócio, consiste em indicar pessoas e ganhar sobre a indicação direta ou indireta dessas mesmas pessoas.

Adquirir Cripto Ativos em Corretoras estabelecidas, Minerar Cripto Ativos, Desenvolver sistemas e aplicativos web e mobile, realizar trades diretamente ou através de profissionais habilitados e certificados, criar sites, lojas virtuais, criar e vender conteúdos, realizar eventos, congressos, seminários e promover cursos e palestras, além de desenvolver sites, lojas virtuais, aplicativos e operar plataformas de Marketing Digital, Publicidade Virtual e jogos interativos.

Pensando em todas essas nuances e especialmente que as pessoas possam fazer parte desse movimento revolucionário, contribuindo com a sociedade e alcançando a almejada liberdade econômica, é a razão pela qual desenvolvemos alguns programas sobre os quais discorrei em seguida:

Plataforma de Desenvolvimento e Empoderamento Humano

Pretendemos contribuir sobremaneira com o empoderamento humano, e para isso utilizaremos uma ferramenta tecnológica extraordinária, desenvolvida sob uma plataforma proprietária, baseada em Inteligência Artificial, capaz de proporcionar um diagnóstico completo de Autoconhecimento e Detecção de Talentos.

Esse processo se dá comparando com um perfil profissional ou orientação vocacional desejado, para que cada um possa se auto conhecer, se reconhecer e empoderar-se dos seus talentos muitas vezes ocultos, esquecidos ou auto sabotados, e que através desse diagnóstico, voltará a ser emergido e isso poderá auxiliar no processo de alinhamento de propósitos com habilidades, vocações, talentos e experiências, através da aplicação dessa extraordinária ferramenta desenvolvida pela Human Empowerment University. (Universidade de Empoderamento Humano).

Para conhecer mais acesse: https://humanempowermentuniversity.com/inicio

Liderança Cristã para a Vida Pública - Christian Center For Public Life

Esse é um programa voltado para jovens e adultos que sejam líderes cristãos, e que tenham chamado e claro, desejem ingressar na vida pública, através de candidaturas em processos eleitorais minoritários e majoritários, ou mesmo exercer cargos de confiança ou comissionados em Governos, de todos os Poderes, Níveis e Esferas.

A pessoas com esse perfil e interesse recomendamos conhecer, participar e capacitar-se na Christian Center for Public Life, organismo conservador com sede global em Washington / USA e sede nacional em Brasília - DF, que objetiva identificar, treinar e certificar líderes cristãos na vida pública brasileira, com agendas pré-estabelecidas para imersão local ou em Washington, onde receberá todo o treinamento, metodologia, tecnologia e ferramentas customizadas, incluindo a certificação.

Essa conteúdo é oferecido como cortesia pelo Autor a Christian Center for Public Life - Centro Cristão para a Vida Pública, como contribuição para o processo de treinamento de líderes cristãos com chamado para a vida pública.

Finalmente recomendamos a todos que desejem ingressar, se estabelecer, se capacitar, se especializar nessa nova Economia Digital, participar dos cursos Básico, Intermediário e Avançado de Cripto Moedas ou Cripto Ativos e dos cursos de educação profissional de Consultor, Coach e Especialista em Cripto Economia, podendo inclusive se tornar um Divulgador Independente e gerar uma renda por cada venda de curso referido e ainda um residual mensal de sobre toda a produção do Pool de Mineração de cripto moedas dos seus referidos.

Acesse: www.cryptotech.com.br e comece hoje mesmo seu curso e já inicie sua experiência na Cripto Economia, onde essa plataforma irá formar, capacitar, qualificar e especializar você para se tornar um Divulgador Independente dos seus cursos mas também um Consultor, um Cripto Trader ou um Especialista nesse novo mercado da Cripto Economia.

CONCLUSÃO

Gostaria de concluir essa obra, com algumas palavras a respeito de experiência e legado:

Em primeiro lugar devo dizer que o segredo do sucesso é ampliar a visão, enxergar os movimentos disruptivos e antecipar-se ao futuro. Isso só é possível quando somos ousados, mas prudente, agressivos, mas cautelosos, visionários, mas racionais, intuitivos, mas realistas e finalmente cientes que um empreendedor autêntico precisa correr riscos para experimentar o sucesso.

Igualmente, precisamos saber administrar eventuais fracassos e derrotas não deixando-nos abalar e buscando com as más experiências: sabedoria, força e determinação para, se necessário, começar tudo de novo, do zero, sem se importar com as opiniões dos entendidos que nunca fizeram o que você fez e jamais fariam, porque o medo e o conservadorismo excessivo não permitem.

Essas pessoas negativas e exageradamente conservadoras, não podem ser exemplos para você; busque espelhar-se em quem já experimentou o fracasso, mas superou-se e agora é bem-sucedido. Se você quer ser leão, não ande com gato, deixe que apenas os gatos andem com gatos e como um verdadeiro leão, só ande com leão, (frase do meu amigo e Pastor Glaybson Silva, da Comunidade Evangélica de Miami - CEM, autor do livro Construindo Relacionamentos Fortes), e inspire-se nos casos de sucesso, não nas circunstâncias de fracasso.

Como diz um amigo Pastor Jean Kleber da Igreja Batista Nacional, em Miraflores - João Pessoa - PB, somos seres humanos completos, Deus já criou, estando em cada um de nós, todos os nossos dons, habilidades e propósitos que justificam sermos escolhidos de Deus para cumprirmos a nossa verdadeira missão aqui na terra, e Deus nunca irá nos exibir absolutamente nada além da nossa capacidade de suportar e realizar suas obras, em nossas vidas para alcançar inúmeras outras vidas para o Seu reino.

Um outro Pastor amigo, Pastor Joseph Maluta e sua esposa pastora Rita de Cassia Maluta, me fizeram entender que temos diferentes chamados, mas todos seguem o mesmo padrão de Deus, onde aqueles que tem chamados para produzir e distribuir riquezas, considerarmos sermos antes de mais nada, um mordomo do Senhor e sendo assim, zelar por tudo que Deus permite chegar as nossas mãos, cientes que o propósito consiste em fazer multiplicar os recursos, para alcançar o maior número possível de irmãos, reconhecendo o Poder, a Glória e a Misericórdia de Deus em nossas vidas.

Por uma Jesuscidência, conheci o Bispo JB Carvalho, um homem de Deus super disruptivo e dificilmente haverá outro igual, acompanhado da minha querida amiga Bispa Dirce Carvalho, igualmente disruptiva e super Empreendedora, aprendi que um verdadeiro cristão nasceu sim para governar, empreender, prosperar e assumir posições políticas, econômicas, empresariais e governamentais.

Para alcançarmos uma melhor compreensão a esse respeito temos que voltar a olhar para o Antigo Testamento e entender que desde o início, Deus permitiu que os seus escolhidos governassem, instituindo-os de autoridade e abençoando-os para que o justo governe e não o ímpio, que em última análise, fará o povo gemer e padecer.

Com minha esposa, Silvania Cristina Viegas, aprendi que Deus muda o curso das coisas, move montanhas e realiza encontros inesperados e surpreendentes, quando o objetivo é unir propósitos mais que pessoas, por isso hoje entendo que além de um casal se tornar uma só carne, também combinarmos nossos propósitos em favor do Reino, expandindo nossos ministérios, rompendo fronteiras e alcançando vidas e almas para o nosso Senhor Jesus, e por isso, também agradeço a Deus por ter usado o meu genro Pastor Rubinho da IBN, como canal de benção.

Para um verdadeiro empreendedor, os fracassos são apenas circunstâncias, já que o sucesso é o alvo e sempre será a linha de chegada de um empreendedor nato, determinado e consciente do seu papel na sociedade, do seu propósito neste mundo alinhado com o mundo espiritual, e principalmente com a sua responsabilidade social, onde a riqueza gerada pelo seu empreendimento possa beneficiar pessoas, famílias e gerações futuras.

Lembre-se de que o sucesso não é um simples resultado comum e acessível a todos, senão, uma consequência resultante do seu esforço, trabalho, determinação e capacidade de superação dos desafios, assim como a prosperidade não é um direito nem um privilégio, mas uma bênção para os que se esforçam, que são disciplinados, determinados, ousados e confiantes nos ensinamentos bíblicos e também nos ensinamentos e experiências seculares.

Quando você quiser se espelhar em alguém para seguir, espelhe-se sempre em alguém que já caiu antes de levantar, para não se espelhar em alguém que ainda está de pé, mas ainda não caiu e certamente cairá, porque o aprendizado verdadeiro vem com a prática, não apenas com a teoria.

Por mais que obtenhamos fundamentos com a teoria, a vivência é o que gera as condições apropriadas para chegarmos ao êxito e a plena felicidade, que não é apenas o dinheiro, mas o sentimento de realização pessoal e profissional, empresarial e cristã.

A economia digital é o caminho, a Cripto Economia é a nova ciência dessa economia digital, onde a tecnologia dita as regras de um mercado cada vez mais descentralizado, desintermediado, distribuído, com menos estado, mais iniciativa privada, menos intermediários, menos regulação, mais auto regulação, menos governo, mais povo, e um aumento considerável nas relações Peer to Peer (pessoa a pessoa) desonerando custos, simplificando processos e reduzindo drasticamente o valor final de um bem, produto ou serviço.

Espero que os ensinamentos trazidos nesse livro possam haver abençoado sua vida e aberto sua visão para um novo modelo de economia que está surgindo e que você possa se enxergar nesse processo tornando-se uma pessoa inovadora, disruptiva e disposta a sair de comodidade e tornar-se um vencedor em todas as áreas e assim influenciar a muitos.

Além desse material também dispomos de outro livro denominado Criptomoedas - O dinheiro do Futuro, para quem deseja apurar-se no conhecimento sobre o tema Cripto Economia Digital, basta acessar o site do autor e fazer o download no website www.marcuslisboa.com. br , além de poder também conhecer o próximo livro da série: O poder da Visão com Propósito e os e-books dos cursos de Cripto Ativos, Cripto Trader e Cripto Economia disponíveis no portal www.cryptotech.com.br

Author Contact:

Marcus Lisboa

Email: mvla2015@gmail.com / inepp@inepp.org.br /

eco.finances@principautedeseborga.com

Twiter: @Marcus_Lisboa38 - @interesseP

Parler: @MarcusLisboa   - @InteressePublico

Instagram: @marcusvlisboa - @doutorblockchain -

@interessepublicoBrasil

https://conservativecore.net/MarcusLisboa

Facebook: https://www.facebook.com/marcusvlisboa/

Linkedin: https://www.linkedin.com/in/bitsblockchain/

Site: www.marcuslisboa.com.br

www.inepp.org.br

www.popblockchain.com

www.cryptotech.com.br

THE FOUR TYPES OF
TRANSFORMING INTELLIGENCE

MARCUS LISBOA

This is the first book in a series composed of three titles: "Cryptocurrencies: The Money of the Future", "The four types of transformative intelligence: Intelligences Applied to Christian Transformation in the Digital Age" and "The power of vision with a purpose: How Disruptive Technologies can transform and impact your life and the world."

This sequence entitled "Series: Digital Economy", seeks to explain complex themes, such as disruptive technologies, the new financial model brought by the emergence of virtual currencies, and especially, to show you how we can connect to these issues so present nowadays, to experience the breadth of its benefits, managing its use and serving the purpose and vision intended for us.

My wish is that you open yourself up to discover this relevant content, and allow yourself to have a new vision about the economy and its role within it, becoming a transforming agent in the environment where you live.

ACKNOWLEDGMENTS

My special thanks to Paula Vaz, Robson Silva, Marselha Samora, Harlisson Charley, Alexandre Hilgert and Alexandre Salgado, Carlos Guerreiro, Fabio Reis, Rubens Lemos, Romulo Souto, Pastor Carlos Almeida, Pastor Meire, Pastor Sidnei Borges, Pastor Eliane Pereira, Pastor Jean Kleber, Pastor Glabson, Pastor Joseph Maluta, Bishop JB Carvalho, Bishop Dirce Carvalho and Thomas Carter.

DEDICATION

I dedicate this work to my parents (*in Memorium*) Alfredo Almeida and Irene Lisboa, to my brothers Sérgio Luis, Carlos Alberto, Paulo César and Luis Cláudio, to my children Marcus Jr., Debora Regina, Jessyca Cristina, Priscila Maria, Andressa Santos, and Vinicius Galvão, to my beloved wife and companion Silvania Cristina Viegas, to my stepchildren, Junior, Moacir Neto, and Silveria Viegas, to my brothers-in-law, sisters-in-law, grandchildren and to all my nephews and friends.

ABOUT THE AUTHOR

Marcus Lisboa, Systems and O&M Analyst, Cryptographer, Specialist in Public Interest Politics and Public Politics and Government Manager, Specialist in Disruptive Technologies, with International Certification in Digital Transformation & Blockchain, Founder of the Eco-System and Proof of Consensus called Proof of Participation – PoP (Blockchain Permitted), Blockchain enthusiast based on Proof of Consensus – PoC – Proof of Capacity, author of the following titles: Crypto Currencies – The Money of the Future; The Power of Vision with Purpose, and The Four Transformative Intelligences. Founding President of the National Institute of Public Politics Excellence – INEPP, Editor-in-Chief of the WikiCryptoMarket.com Blog, Creator of the Public Interest – IP Channel, and member of the Council of Presidents of the Christian Center for Public Life – CCPL, known in Brazil as Conservative Christian Organization, with headquarters in Washington and national headquarters in Brasília – Distrito Federal, and creator of the professional education portal in the area of Crypto Assets, Crypto Trader and Crypto-Economy www.cryptotech.com.br.

Summary

INTRODUCTION

We live in times when digital transformation is an inevitable and irreversible event, and with it comes the need to reinvent ourselves. This bias entails human empowerment and the use of disruptive technologies, capable of not only generating personal wealth but also providing opportunities, and enhancing results in favor of the Kingdom of God and his Church.

Every transformation requires innovation, and the one we are experiencing is marked by disruptions in several areas of knowledge, science, and technologies, which, because they are striking, generate confusions in several classical and conservative foundations, in the academic, business, professional, political and governmental spheres, causing impacts that are increasingly relevant and imperative

Thus, it is necessary to learn to unlearn, to be able to learn to relearn and insert ourselves within the new market and a new predominantly digital economy, which is already changing, and will completely transform knowledge, learning, careers, professions, companies, politics, government, and especially, the business.

To face all these changes, we need to be smart, or we will be slaves to the countless applications and tools that overwhelm us with information and opportunities, but also challenges, dependencies, and imprisonments.

Therefore, I bring here in a brief way some qualities that are necessary to face this new moment. I would like to present them as types of indispensable intelligence, in which we can become truly successful in all areas.

CHAPTER 1

SPIRITUAL INTELLIGENCE

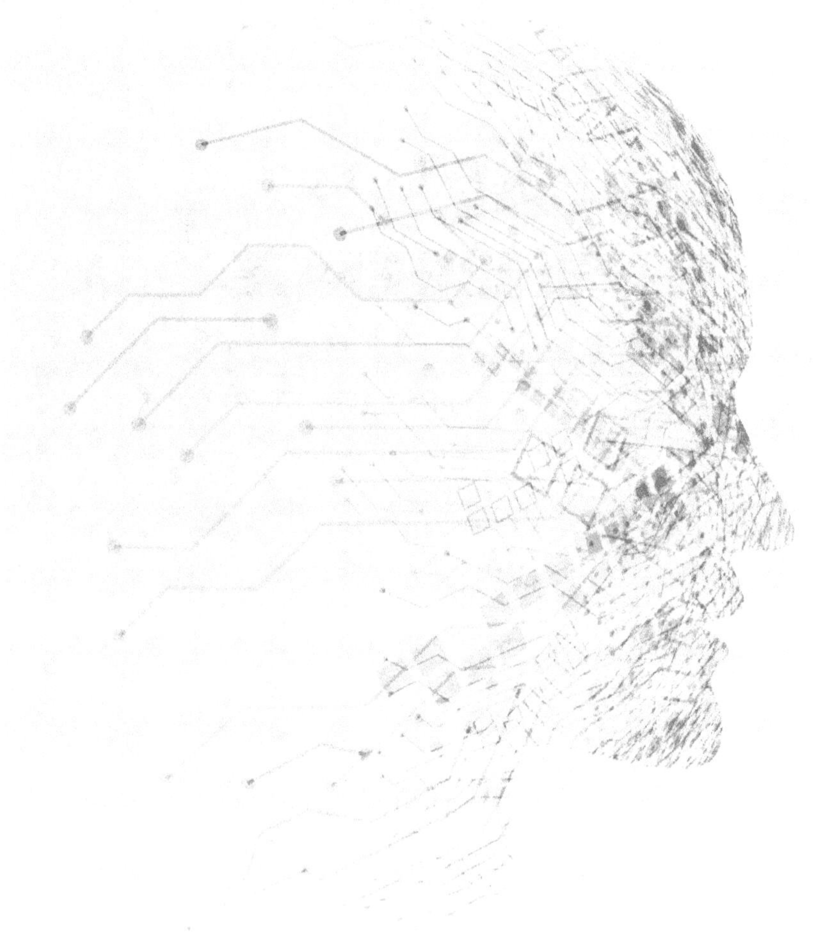

Understanding comes from Spiritual intelligence

This is the most relevant area of human intelligence, when compared to the others described here, being the only one capable of teaching how to deal with essential issues, while it must be considered, as the only and exclusive key to enter a new era each time that is getting more digital, and therefore, influence the business world.

The search for a high level of the spiritual quotient is indispensable for anyone wishing to succeed in any sphere. What it means in practice, is being able to use your spiritual prominence to have a fuller and more meaningful life, promoting an adequate sense of purpose and personal and professional direction, optimizing efforts, resources and results, expanding our horizons, and making us more creative and prosperous.

This is a type of intelligence of supernatural origin, which drives us, and through it, we are truly capable of facing and solving problems of meaning and value. And above all, it enables us to be relevant in a society that lacks references.

It is also directly linked to the human need to self-knowledge, self-diagnose and self-healing, through the surrender of his or her life and destiny in the presence of the Lord, recognizing Him as his or her only and sufficient savior and redeemer. And, as a consequence, understanding his or her real purpose in this world, as well as fulfilling it on time, and with excellence, obedience and determination.

It is through Spiritual Intelligence that we calibrate our attitudes to develop ethical values and beliefs that will guide our actions, aspirations, vocations, emotions, and results, applying new knowledge and experiences in our existence, improving our values and sense of justice, ethics, morality and truth, and making us transformed human beings.

Only the transformed human being can become a transformer. With a heart touched by the action of the Holy Spirit, he will be able to assist and contribute to the growth of the Kingdom, helping others and exercising his ministry with faith, determination, and courage. Therefore, he comes to understand what he does as commissioning.

We must all be true ambassadors for Jesus Christ on earth, taking his Word, reaching lives and rescuing souls for the heavenly kingdom, recognizing the blessings the Lord promises to those who are faithful to contribute and invest in the Work of God.

This understanding makes us comprehend the reasons why so many Christians fail in their obligations, when the Bible teaches about tithes, offerings, first fruits, generosity, greed, etc., It is essential to recognize some criteria that we must use to be in obedience, and the Word is our standard of conduct, generating awareness, confirmations, revelations and, therefore, obedience.

Therefore, we have applied ourselves to the concept of Digital Transformation Applied to People, which we will talk about with more propriety below. However, to make this application useful, it needs to be aligned and harmonized with spiritual intelligence, since as we know or recognize our real Purpose of life and existence, we will be able to make the difficult but necessary decision of taking a new path.

This path is very promising but absolutely unknown, and it is necessary that those who intend to walk it, be willing to change their trajectory and face the inevitable deserts that aim to transform us and make us agents of transformation because only in this condition we can achieve success, happiness, and a sense of purpose. The applicability of this and other types of intelligence described below are essential to continue this path.

CHAPTER 2

EMOTIONAL INTELLIGENCE

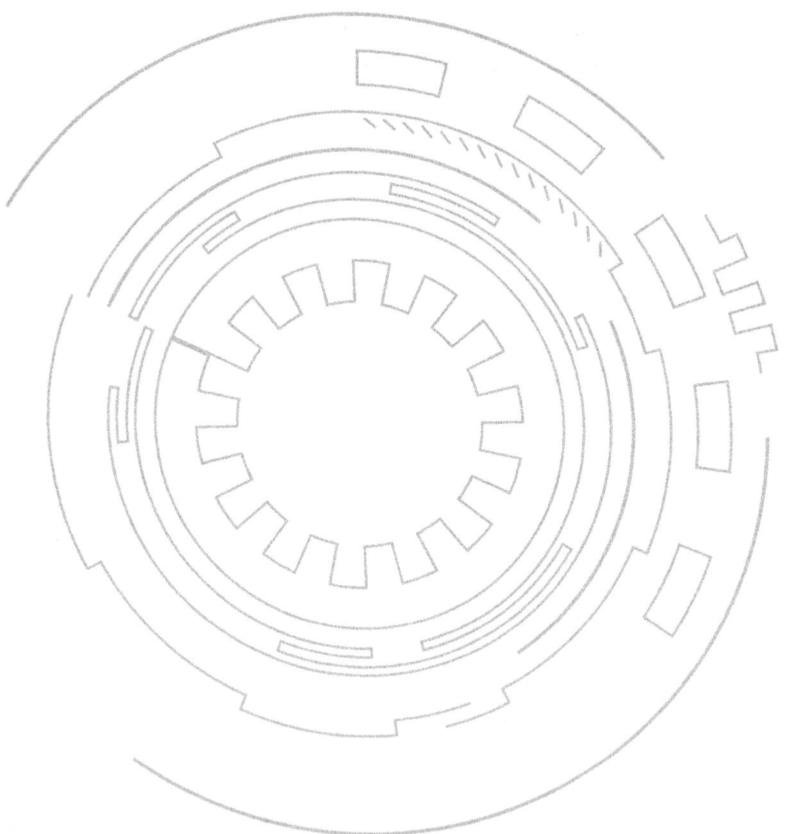

Comprehension comes from emotional intelligence

More than ever, emotional intelligence becomes a latent human need, as it gives us the ability to manage our own emotions and stay focused at a time when dispersion is a reality. We are literally "bombarded" by an endless series of content and stimuli, and if we don't calibrate our perception, we will inevitably be beaten.

It has been verified that conditions associated with emotional breakdowns correspond to a large portion of physical and disabling diseases so that the permanent search for more and better emotional health in this new era of digital transformation is not just an intellectual need, but a matter of survival.

It is indispensable to expand our sense of concentration and discipline, avoiding dispersion, not allowing technology, and the advances of the inevitable digital transformation to disperse our ability to focus, the observance of our real purpose, and the harmony with the concepts of other types of intelligence referenced here.

It becomes relevant to focus on each of our primary and most relevant projects and/or businesses or ventures, as well as in our work, in our family and especially, specific actions that require even more exercise of our discipline and commitment.

It is necessary or even essential to stay healthy, creating new habits of taking walks, traveling, meeting new people, making new friends and experiencing new cultures, exchanging experiences, contemplating the wonderful and divine nature, and, of course, always seeking to exercise.

The digital age cannot transform our essence, but we must use it as a way of having more time, providing more and better natural, environmental, climatic, cultural, economic and financial resources, in addition to improving our physical, mental, spiritual, and emotional health, generating and distributing more wealth, and making it possible to obtain real prosperity, which consists of feeling happy and fulfilled, in these and other life areas.

We know that wealth has no direct connection with prosperity, that it does not presuppose accumulating a lot of money, ownership of properties or attribute of power, but exercising a sovereign authority with absolute satisfaction, personal, professional and business fulfillment, in the exercise of total happiness where, for being prosperous, we fulfill and leave a legacy for our next generations.

Thus, it becomes inevitable to expand our real relationships, less virtual and preferably with an absolute absence of artificiality, reinforcing ties and bonds with the people of our family, congregation, in the business, work and leisure environment, seeking to establish more face-to-face relationships than virtual and artificial relationships, and thus, achieve the so longed happiness.

Happiness goes through Choices

Something we need to keep in mind is that happiness is not a matter of chance and, therefore, passes through choices, which in turn need to be punctual and well-directed; otherwise, they will be nothing but desires that will never be fulfilled. See some of these practices:

a) Selection of groups to follow

We must not follow people just because others are following them, or because they say things that seem funny at first, because tomorrow they can represent a negative influence for our children and family members for their values that are not committed to the Word of God. We must follow people for affinities, for purposes similar to ours, for similar vocations, for business synergies or opportunities.

We should never give credit to those who attack values such as family, Christianity, ethics, morals and good manners, or those who use politics to usurp illicit wealth, favor corruption and defend regimes and systems that imprison freedom, cause impoverishment, dumb down people, concentrate wealth, distribute alms and conserve peoples' misery.

b) Privacy Protection

We must seek mechanisms to protect our private life, take measures that effectively preserve our privacy and that of others, and that equally promote freedom and maintain the necessary limit, so that our life does not become a "windowpane," where everyone can throw stones, or in a "showcase," where we expose ourselves unnecessarily.

c) Using Social Networks Well

In simpler words, I say that we should use social media, but never allow social media to use us, corrupting our values, families, friends, and even our savings and finances. This means that we need to learn to stop buying and consuming unnecessary goods and to be smart in what we share, especially when it comes to our personal problems.

It is essential that when we have to vent or share something, we are discreet and preferentially look for our father or spiritual protector. If we do not have them, we select the most discreet, impartial and loyal person, who will not always be the closest one, avoiding that the question does not increase even more, so that instead of solutions, we find even more problems.

All of these are issues related to emotional intelligence. They reinforce our ability to deal with problems in the most diverse areas, in addition to shielding us from toxic charges that make the mind, soul, and even the physically sick.

CHAPTER 3

RATIONAL INTELLIGENCE

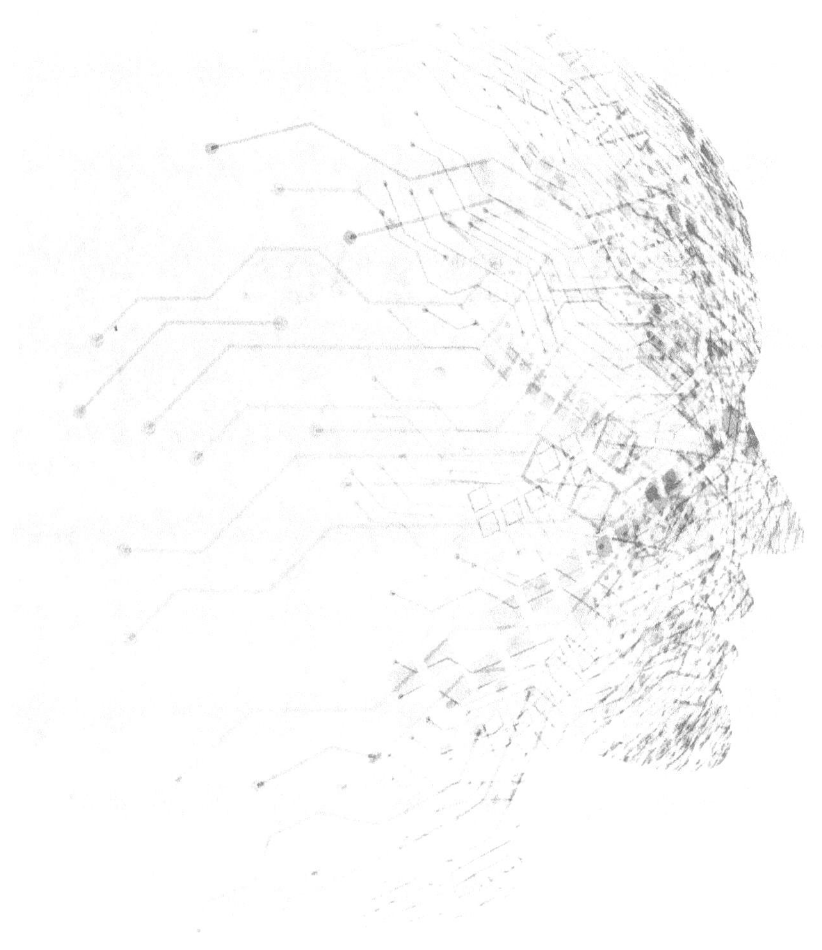

Consciousness comes from rational intelligence

A world in full digital transformation requires from each of us an expanded capacity for rationality, adaptation, adoption of new technologies, tools, and a change in mentality and permanent behavior.

Also, exposure to an increasing amount of information supernaturally impacts our imagery. It frequently changes our field of perception of reality, often leading us to make mistakes, self-sabotage, and mask our own reality at the expense of a life that is real and full of meaning.

This type of escape behavior can lead us to camouflage our own identity, and so we fail to not only be authentic but to fulfill the purpose for which we were created. Thus, this is a path to be avoided at all costs by those who want to seek happiness since it is based on realistic foundations.

We will never be able to live another identity that does not belong to us. We must, therefore, seek a new alignment of purposes and build our lives based on truth, the only way capable of bringing us more significant and better benefits and results.

The Communication Age

We are constantly challenged and guided by a "New Tsunami" of information, contextualization, provocation, and news that have their flow, and carry us to unknown and sometimes problematic places.

Rational Intelligence in the digital age is marked by an uncontrolled and growing virtual speed, with a great diversity of media, in addition to profound impacts on the increasingly digital economy, on more decentralized finance, and on more nonconcentrated wealth, aiming at better distribution and social justice.

All of this forces us to recognize our limitations, accept new processes and technologies, understand their impacts, relevance, and take advantage of their opportunities, naturally applying all of this to our purpose in life and existence.

Rational Intelligence in the digital age makes it possible to prepare, participate and benefit from pioneering spirit, and the privilege of starting a new and promising journey, aligned with an irreversible movement of disintermediation of businesses and solutions from the major Global Economic and Financial Groups.

Human Empowerment

We understand that more and more, the power of decision is an exclusive attribute of the individual. At every moment, we will listen more and more to the expression: Peer to Peer transactions, relieving processes, and allowing greater freedom, autonomy, and permanent search for more privacy and fewer dependencies and interference by the State, Business, Financial Monopolies, and the Big Data.

As a result of human evolution, and our continuous search for innovation and improvements, especially in the area of computing and communication, a new social revolution appears as never before, with a direct impact on people's lives, on business, on the economy, on finance, in the monetary system and the asset market, all components of an extraordinary digital and technological transformation.

Super Connected

According to specialized consultancies, only the market that is called the Internet of Things – IoT, will turn over US$ 7.3 trillion in just three years. It is also estimated that, by 2020/2021, there will be 26 to 30 billion devices connected to the Internet of Things.

To understand what these prime numbers represent in our daily lives, just pay attention to how we already use mobile devices. It is estimated that an average person is currently surrounded by four or five of these devices. That's because technology makes our human aspirations more likely, helping on doing tasks efficiently.

With the advent of smartphones, one of the protagonists of this new age, we started to enjoy an explosion of connections. Never before have we been so connected with other people, environments, companies, and objects.

Unlike some previous developments, which eventually brought impactful innovations to their CLIENTS, but always through large companies and incumbents (holders of certain monopolies or predominant market groups), as is the case with the use of fax machines, cameras, VHS rental, wireless telephony, etc.

However, today it is prevalent for USERS to have mobile devices and other technologies for more powerful personal use, such as a better accessibility and usability experience, with a drastic reduction in costs when compared to solutions that were used only in the corporate environment.

Disintermediation, Decentralization, and Non-concentration of Wealth

Disintermediation, decentralization, and non-concentration of wealth are reducing or even deconstructing entire sectors of the economy, overthrowing empires and undoing monopolies, concentrators, and centralizers of the market and wealth at the local, national and global levels.

All this movement is moving towards a future that is already present, and it is no longer possible to return to what we were before, disconnected, and individualized human beings with a disconnected personal and professional life.

Today, interaction is frequent and mandatory, companies that wish to survive, already understand the potential of this change and its inevitable transformations and consequences. For this reason, they increasingly invest in the development of new sources of value and experiences to keep current customers, looking for how to prevent them from migrating to other digital platforms to discover and evaluate new and extraordinary complementary experiences for an increasingly connected and demanding user.

It is possible to perceive the presence of these technologies in the creation of new business models and digital and virtual services, considering the growing generation of information and transactions in real-time, in the sufficient identification of users when accessing intelligent systems and devices, in the global management of data, smart transactions, and operations, the innovative offering of cloud computing and storage, the extensive use of social networks, as well as care in the protection and privacy of data and interconnected transactions.

CHAPTER 4

FINANCIAL INTELLIGENCE

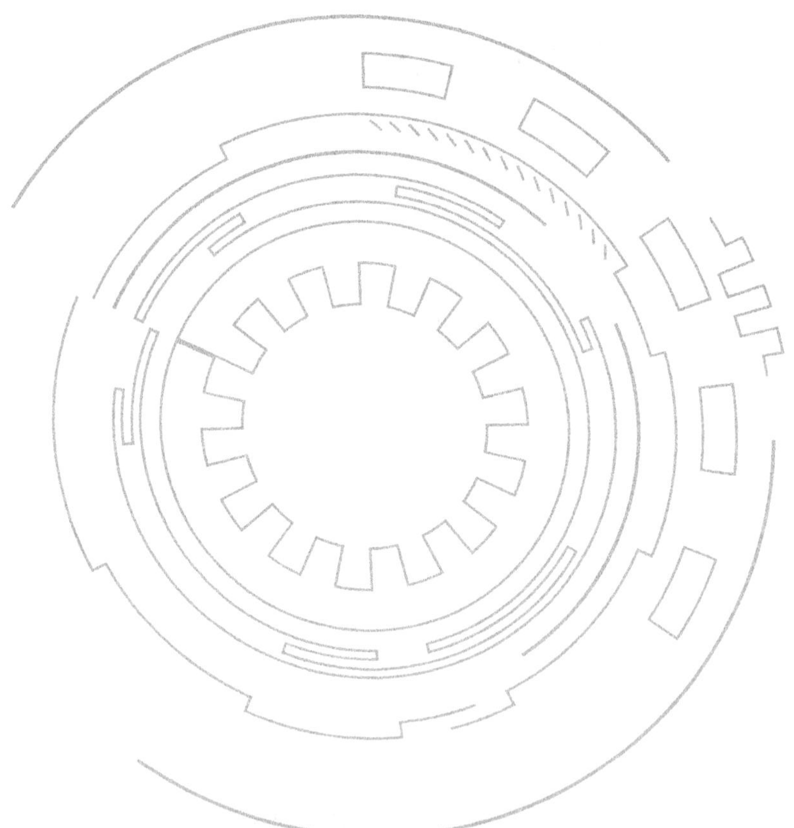

Economic independence comes from digital Financial Intelligence.

In a new and increasingly digital era of finance, economics, assets, and Digital or Virtual money, the applicability with a balance in each of the intelligences mentioned above, requires that we put into practice, connected and in harmony, each of its most relevant characteristics.

And concerning digital financial intelligence, we know that independence and freedom come from this new virtual economy. This speaks of empowering oneself, of seeking alignment or realignment of purposes for a full understanding of this disruptive intelligence, which will be among the others, generating the most impacts, transformations, and changes in the configuration of our mind.

Only this change of mind can make us understand, accept, and benefit from these extraordinary transformations and make us active participants in its economic, financial, and monetary benefits.

Empowerment with Purpose

There is no human empowerment without purpose; we know that knowledge and understanding can exist or coexist, including obtaining acquired Intelligence, acquired wealth. Still, when the purpose, that is the essential attribute, is not known, no transformation is capitalized.

In this way, it is possible, even experiencing financial improvement, not to realize or recognize the real purpose of this. And for these people, whose goals are shallow and unfounded, any place can do, any path leads to the same point, as there are no stimuli or reason for value, even with the other attributes mentioned here.

It is necessary to understand that wisdom is a gift and a grace made available only to those chosen by God, who receive it when they deserve it and have already made themselves available and paid the price, which is not small and much less comfortable. Still, once this grace has been achieved, it has a priceless value, which justice itself to existence.

The new digital economy and decentralized finance is a tool for socio-digital inclusion of people, groups, nations, and continents, and whose principles are present in the Holy Bible, teaching us about real prosperity and financial freedom, entrepreneurship, and growth capacity to generate and distribute wealth for the benefit of the kingdom.

We will talk in more detail on this subject later when we are presented with some tools created from biblical values. However, for now, we must understand a little about the main areas with potential disruption and technological transformation for the next decade:

Internet of Things

Artificial intelligence

Advanced Robotics

Alternative and Renewable Energy

Blockchain Technology and Tokenization of Digital Assets

Uses of technology

The emergence of these new technologies makes the connection between people and objects - the so-called devices (3D digital devices to dress, create, design, build, furnish and many other things) and with them, perform several functions, such as those related to health (measuring blood pressure, body temperature, controlling glucose levels), automating homes, commerce, industry, governments, managing fleets, and so much more, all made possible through well-used technology.

All this with the help of cell phones, watches, bracelets, radio frequency tags (RFDI), and drones. In other words, we are already in the era in which intelligent objects help us to perform everyday tasks, whether at home or work, and those who want to experience empowerment with purpose need to update themselves on them.

CHAPTER 5

TRANSFORMING PRINCIPLES

The four types of transforming intelligence

Fundamentals of Christian Transformation in the Digital Age

For us to achieve financial prosperity, and for us to mainly understand the purpose behind the generation of wealth, we need to take some practical steps, which I will describe below in seven simple, yet powerful principles:

1 – Change / Transform

It is necessary to completely change the Mindset, which means, to change the whole configuration of our mind, understanding that the work and the salary or the remuneration resulting from it, undoubtedly dignifies man. Still, only production and productivity generate opportunities and possibilities to build the foundation to achieve true financial freedom.

2 – Entrepreneur / Producing

In this context, through entrepreneurship facilitated by the extraordinary transformation that has reached everyone, and with some preparation, focus on results and aligned purpose, we can and must undertake to be able to create and sell solutions that help us achieve the longed-for financial freedom.

However, it is also essential to take advantage of this moment, in this way, we will be pioneers and benefit from being at the beginning of this new wave that will rebuild markets and cause profound transformations in the labor market, entrepreneurship and in the political and governmental system.

All of this forces us to prepare ourselves to face the significant challenges of this new era of Digital Transformation, a real social revolution, which is accompanied by a new industrial revolution, which we are experiencing right now, where organizations need to offer something more to their employees to be always up to date and competitive in the market.

Companies from different sectors have already noticed this movement and started to invest not only in technologies but in better experiences for users, who easily migrate from one application to another without being hostage to companies, whether they are more classic or conservative.

I have noticed that the more bureaucratic, plastered, burdensome, and without transparency, a company is, the faster the new USER already digitally transformed, will change platforms, and start a new experience.

3 – Transform / Break Up

An unexpected disruption in the banking, financial and monetary sector is approaching, with blockchain technology, instant payment, and in particular, the portability of your financial data known as Open Bank, which is already taking its first steps.

This portability allows the user to take their registration and financial data with them to any other Fintech company, digital banks, or traditional banks, with total freedom, decision, and discretion.

Such transformation, innovation, and disruption, also needs to be observed by new startups, because more and more, the period of validity of the innovation or disruption is being shorter, so it is necessary to update, innovate and reinvent oneself always.

New Startups in various sectors of the formal economy, and especially for the informal economy, appear every day. However, it is essential that they use embedded technologies, and that it is available and accessible via Smartphone, for better user experience.

4 – Train / Qualify

We need to train ourselves to be wealth generators; we live in a world of opportunities that are always present for those who have dedicated themselves and invested time in qualification. For example, if we have skills or financial experience, we can create or participate in Fintechs, Digital Banks.

If our skills are in the field of technologies, investments, and capital markets, we can create or participate in CryptoTechs, Brokers/Stock Crypto Assets, and Tokenization of Digital Assets. As with Juridical and Legal knowledge, we can create or participate in LegalTechs and those in the health field, creating or participating in HealthTechs.

Similarly, if we have skills or experience in civil construction, we can create or participate in ConstruTechs, in the insurance area, we can create or participate in InsurTechs, and so many other areas where technology will predominate, and if we have training and experience, we can be expressive in our area of dominance.

The market will inevitably be transformed, and each of these new architectures, designs, and technologies, aim to solve problems, eliminate outdated processes, drastically reduce costs, and create new and extraordinary experiences with users, who are increasingly demanding and connected, adding value to the market, generating and distributing wealth in a more decentralized way, and we can be part of that.

CHAPTER 6

FINANCIAL SELF-EDUCATION

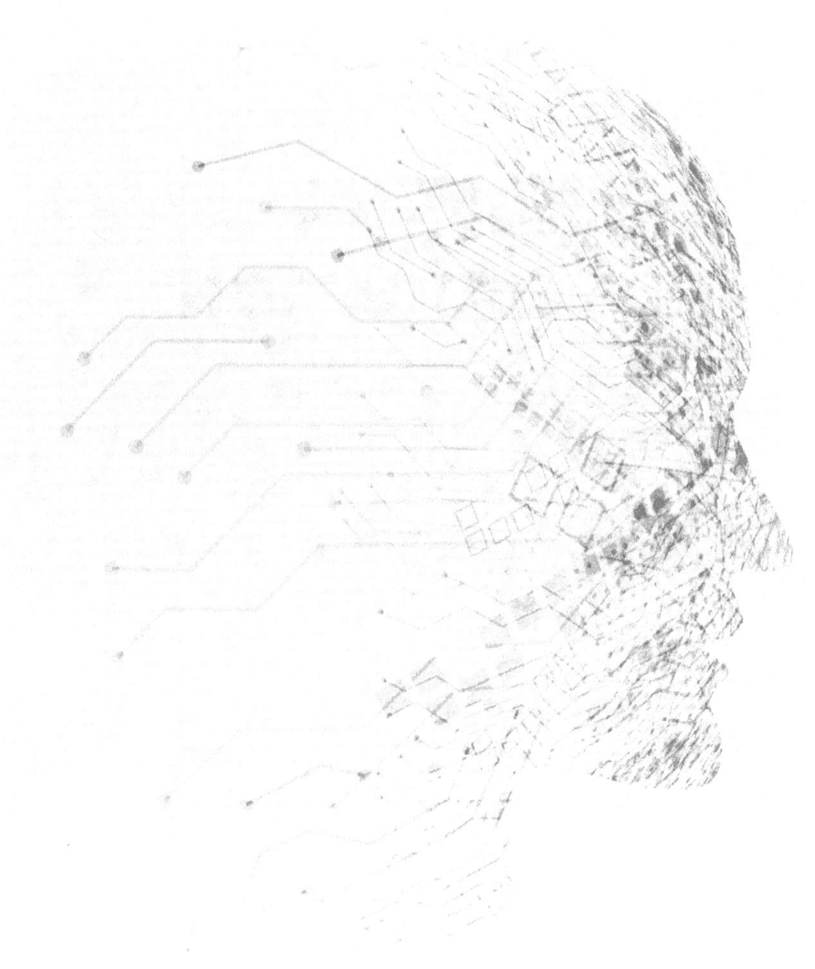

The most important step towards prosperity

In addition to the four points covered in the previous chapter, and which have a more global and generic scope, we also have three others that encompass more individualized and personal solutions, but without which we will never be able to achieve financial prosperity and economic freedom. These are based on financial self-education, that is, on the adequacy of financial behavior. They are:

1 – Save / Spare

With the change in the configuration of our mind presented above, it is absolutely necessary to exercise a financial self-education, with the numerous solutions and some tools that are even free and available on the internet, for simple control of Income and Expenses (accounts payable and receivable) of our family budget, our small business or enterprise.

These tools are based on simple but often overlooked concepts, such as that our expenses should never exceed 70% of our personal income, either as an individual or as a family. Then, there is the principle of tithes, where at least 10% of our income should not be neglected. Thus, the remaining 20% should be saved or invested in diversified investments, which we will talk about later.

However, it is necessary to say that the habit of controlling and saving is part of this change in the configuration of our mind, which allows us to seek appropriate and specialized advice to receive support to carry out a financial plan in this new digital economy, defined in premises and purposes and with an absolute commitment to the efforts and results undertaken.

2 – Spend / Waste

Likewise, from the real transformation of your mind, some internal problems that cause us to spend more than we earn, such as anxiety, status, compulsion, immediacy in possessing, vanity, and ostentation, will cease to exist, and we will enjoy economic peace.

With the digital transformation with purpose, with the change of mentality, with planning and financial education/guidance, we will challenge each other, to real regret, and to develop prudence and simplicity in our life.

It is essential to learn how to save money, also looking for guidance on how to prepare a contingency plan to get out of eventual debts and economic and financial addictions, based on beliefs and habits that imprison us and prevent us from achieving the long-dreamed and deserved economic and financial freedom.

Economic freedom is not just a utopia, but we all can and must achieve it, only by willing to change our current concepts, and obey methods and discipline, we will be able to maintain the focus on goals and results, create and generate passive income, and fulfill the financial planning.

All of these actions are part of a financial self-challenge, aiming to surpass our own goals to go to an even higher level, which will produce greater satisfaction, freedom, and independence. It is not only wealth but full prosperity.

It is necessary to prepare and follow an annual budget. We will analyze the difference between essential and excessive, and the process that we must use to acquire dreams like owning a house and a car, and purposes such as Financial Freedom and Passive Income, in addition to learning how to deal with small wastes that, added together, prevent us from achieving dreams, goals, and purposes.

3 – Investing / Generating Passive Income

This is the most crucial part to be applied in Financial and Monetary Intelligence in the digital age, a real transformation of models, opportunities, paths, accessibility, and experiences, never accessible in the past to ordinary people, but in the present, increasingly easier, less costly, efficient, safe, as well as productive and with little or no complexity.

We must know that, to be able to invest and multiply our money, capital, and wealth, it does not matter the size or our investor profile, whether more conservative or aggressive, as we have numerous Fintechs, Digital Banks, CryptoTechs, and Digital Assets available.

The Capital market and the current monetary system, until then controlled by the Incumbent Giants of these markets, who had the Client as their property and hostage, now face a new reality, in which the Client is no longer seen in this way by disruptive digital platforms, which consider them SOBERAN USERS.

This new place taken by users made the experience to be the best, most effective, and non-bureaucratic possible, in addition to having more added value, allowing you to do more and more things in the same application.

We live in times where the less is always more, no park bench, no agencies, physical stores, or complications; everything must be solved in a few clicks. We already have many solutions available, and many others are coming to the market. However, the best solutions and the best digital platforms do not yet exist or have been launched.

Today we can have a digital account with no maintenance or monthly fees at a Fintech or Digital Bank, with a Credit and Debit card, without paying annual fees and with very low-interest rates, unimaginable in the old traditional experience. Who could foresee zero cost to carry out internal transfers? Or, in the case of Brazil, to issue a DOC (Credit Order Document) or a TED (Electronic Transfer Available), or even to add funds using a Bank Billet (A coded slip issued to pay bills in a bank) even if from another traditional bank?

In fact, it is important to say that in November 2020, with the instant payment already announced by the Central Bank of Brazil, these DOC / TED modalities should end, and the use of the Bank Billet should practically disappear. It is still possible to open a Crypto Assets account on a Brokerage Platform or Digital Asset Custody Platform, or even Blockchain-based Digital Crypto Banks.

The technology in question is causing the decentralization of digital finance and the global monetary sector, coexisting with centralized state financial assets and decentralized public financial assets, without interference or state control.

However, it is worth remembering that this area requires more attention and specialized advice because, as it is not yet regulated, many opportunists use this new market to promote pyramidal schemes and to attract illicit investments, scamming the less experienced.

But if well advised, with knowledge and discipline, this new market for digital assets can generate significant wealth and opportunities for beginners and experienced investors, and so our money starts to work non-stop, in our favor.

Remember that, if we decide to spend our money, we will continue to work for the rest of our lives for it, like a real slave, and there is no freedom where slavery exists. Passive income is the best income that a person, company, or organization should pursue, conquer, and benefit, generating dividends and participation in a specific or combined market.

Investing in passive income is the best and most powerful solution, capable of transforming our lives and that of our family. Yet, we can replicate our business/ventures and recommend it to our friends. For that, we must analyze principles and strategies to build a safe, promising, and reliable path for our finances with intelligence and transforming and consolidating high technology.

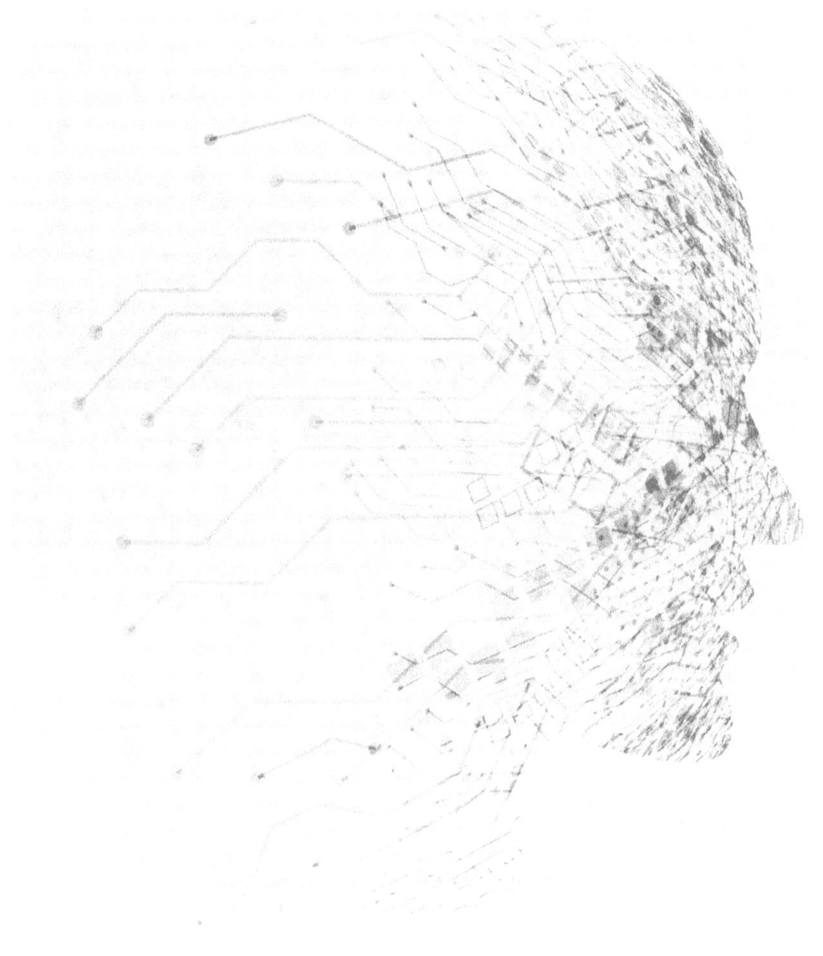

CHAPTER 7

DIGITAL

ENTREPRENEURSHIP

Opportunities and Risks

More simply, we can conceptualize digital entrepreneurship as the ability to create a business without the need for a physical space, using only the internet. But as I said before, despite a field of many opportunities, it presents some risks, due to the significant number of profiteers who circumvent the laws and harm people and businesses.

Knowing this and based on my vast experience with digital businesses, I would like to make this content an orientation on how to escape fraudulent schemes, financial pyramids, and illegal investment platforms. For as we well know, easy money does not exist; it only comes at the cost of a lot of work and effort.

Based on this, I will ask the following questions:

- Direct Selling and Extra Income Platforms? Multilevel? Cryptocurrencies? Mining? What is a fact, what is legend, what is legal, legitimate, and what is scam and fraud?

•	Trade, Arbitration, Investment Brokers, Shares, Commodities, Securities, Financial Instruments, and Digital Assets platforms. What is legal, legitimate, and what is scam and fraud?

•	How can we avoid entering into financial pyramid schemes or fundraising with remuneration for illegal capital and crimes against the popular economy? What are the means of protecting and guiding our brothers, friends, and family from these traps, or getting into legal problems, with civil and criminal impact?

There is only one answer to all these questions: "Information prevents, and knowledge transforms." Before entering any of the businesses mentioned above and similar ones, find out how long the company was established, its founders and directors, and whether they have a license to operate.

In the case of investment and fundraising, this research will always be necessary, since businesses that pay residual or passive income without being licensed, in general, are configured as financial pyramids or crime against the popular economy and, in addition to the risk of losing money, there is legal uncertainty.

It is quite worrying that it is not possible to recover the money used due to non-compliance with indispensable requirements before making any investment. Furthermore, the investor may also incur a crime of solidarity, especially when the business model consists of indicating people, and win over the direct or indirect referral of those same people.

Acquiring Crypto Assets at established Brokers, Mining Crypto Assets, Developing web and mobile systems and applications, making trades directly or through qualified and certified professionals, creating websites, online stores, creating and selling content, holding events, congresses, seminars and promoting courses and lectures, in addition to developing websites, virtual stores, applications and operating platforms for Digital Marketing, Virtual Advertising, and interactive games.

Thinking about all these nuances and especially that people can be part of this revolutionary movement, contributing to society and achieving the desired economic freedom, we developed some programs that I will discuss next:

Human Development and Empowerment Platform

We intend to contribute significantly to human empowerment. For that, we will use an excellent technological tool, developed under a proprietary platform, based on Artificial Intelligence, capable of providing a complete Diagnosis of Self-Knowledge and Talent Detection.

This process takes place in comparison with a desired professional profile or vocational orientation so that each one can know himself, recognize himself and empower himself with his talents that are often hidden, forgotten, or self-sabotaged. Through this Diagnosis, it will return to being emerged, and this may assist in the process of aligning purposes with skills, vocations, talents, and experiences, through the application of this excellent tool developed by Human Empowerment University.

To learn more visit: https://humanempowermentuniversity.com/inicio

Christian Center For Public Life

This is a program aimed at young people and adults who are Christian leaders, and who have the call, and of course, wish to enter public life, through candidacies in a minority and majority electoral processes, or even exercise positions of trust or commissioned in Governments of all Powers, Levels, and Spheres.

For people with this profile and interest, we recommend them to know, participate and train at the Christian Center for Public Life, a conservative organization with global headquarters in Washington, DC / USA, and national headquarters in Brasília – DF / Brazil, which aims to identify, train and certify Christian leaders in Brazilian public life, with pre-established agendas for local immersion or in Washington, DC, where they will receive all training, methodology, technology and customized tools, including certification.

This content is offered as a courtesy by the Author to the Christian Center for Public Life – as a contribution to the process of training Christian leaders with a call to public life.

Finally, we recommend to everyone who wants to join, settle down, train, specialize in this new Digital Economy, to participate in the Basic, Intermediate and Advanced courses in

Cryptocurrencies or Crypto Assets, and in the professional education courses of Consultant, Coach, and Specialist in Crypto Economics, being able even to become an Independent Discloser and generate an income for each sale of referred course, and also a monthly residual of all the production of the Cryptocurrency Mining Pool of its referees.

Access: www.cryptotech.com.br and start your course today, starting your experience at Crypto Economy, where this platform will train, qualify, and specialize you to become an Independent Discloser of your courses, but also a Consultant, a Crypto Trader or an Expert in this new Crypto Economy market.

CONCLUSION

I would like to conclude this work with a few words about experience and legacy:

First of all, I must say that the secret of success is to expand your vision, see the disruptive movements, and anticipate the future. This is only possible when we are bold but prudent, aggressive, but cautious, visionary, but rational, intuitive, but realistic, and finally, aware that an authentic entrepreneur needs to take risks to experience success.

Likewise, we need to know how to manage eventual failures and defeats, not letting ourselves be shaken, and seek out from the bad experiences: wisdom, strength, and determination to, if necessary, start all over again, from scratch, without caring about the opinions of the experts who never did what you did, and would never do, because fear and excessive conservatism won't allow it.

These negative and overly conservative people cannot be role models for you; seek to mirror those who have already experienced failure, but have overcome it and are now successful. *"If you want to be a lion, don't walk with a cat, let only cats walk with cats and like a real lion, just walk with a lion,"* (quote from my friend and Pastor Glaybson Silva, from the Evangelical Community of Miami – CEM, and author of the book Building Strong Relationships), and be inspired by success stories, not failure circumstances.

As a friend, Pastor Jean Kleber of the National Baptist Church, in Miraflores – Joao Pessoa – PB / Brazil, says, we are complete human beings, God has already created in each one of us, all our gifts, abilities and purposes that justify being chosen from God to fulfill our real mission here on earth, and God will never show us absolutely anything beyond our ability to endure and do His works in our lives, to reach countless other lives for His kingdom.

Another friend, Pastor Joseph Maluta and his wife Pastor Rita de Cassia Maluta made me understand that we have different calls, but they all follow the same pattern of God, where those who have the call to produce and distribute wealth, should consider themselves first of all, as a Butler of the Lord, and therefore, should watch over everything that God allows to reach their hands, aware that the purpose is to make the resources multiply, to reach the most significant possible number of brothers, recognizing the Power, the Glory and the Mercy of God in our lives.

For a Jesuscidence, I met Bishop JB Carvalho, a super disruptive man of God, and there will hardly be another one, accompanied by my dear friend Bishop Dirce Carvalho, equally disruptive and super Entrepreneur. With them, I learned that a true Christian was born to govern, to undertake, to prosper, and to take political, economic, business, and government positions.

To achieve a better understanding of this, we have to look back at the Old Testament and understand that, from the beginning God allowed his chosen ones to rule, instituting them in authority and blessing them so that the righteous could govern and not the wicked one, which would ultimately make the people groan and suffer.

With my wife, Silvania Cristina Viegas, I learned that God changes the course of things, moves mountains, and holds unexpected and surprising encounters, when the goal is to unite purposes more than people, so today I understand that, in addition to a couple becoming one flesh, we also combine our purposes in favor of the Kingdom, expanding our ministries, breaking borders, and reaching lives and souls for our Lord Jesus. For that, I also thank God for having used my son-in-law, Pastor Rubinho from IBN, as a channel of blessing.

For a true entrepreneur, failures are just circumstances, since success is the target and will always be the finish line for a born entrepreneur, determined and aware of his role in society, of his purpose in this world aligned with the spiritual world, and mainly with its social responsibility, where the wealth generated by its enterprise can benefit people, families and future generations.

Remember that success is not a simple result that is common and accessible to all, but a consequence resulting from your effort, work, determination and capacity to overcome challenges, just as prosperity is neither a right nor a privilege, but a blessing for those who strive, who are disciplined, determined, bold and confident in biblical lessons and also in secular teachings and experiences.

When you want to look at someone to follow, always look at someone who has already fallen before getting up, and not at someone who is still standing and has not yet fallen, as he will certainly fall, because real learning comes with practice, and not just with theory.

As much as we get foundations with the theory, the experience is what generates the appropriate conditions to reach success and full happiness, which is not only money but the feeling of personal and professional, business, and Christian fulfillment.

The digital economy is the way, Crypto Economy is the new science of this digital economy, where technology dictates the rules of an increasingly decentralized, non-intermediated and distributed market, with less state, more private initiative, fewer intermediaries, less regulation, more self-regulation, less government, more people, and a considerable increase in Peer to Peer relationships (person to person) reducing costs, simplifying processes and drastically reducing the final value of an asset, product or service.

I hope that the teachings in this book may have blessed your life and opened your eyes to a new model of economics that is emerging and that you can see yourself in this process becoming an innovative, disruptive person, and willing to leave the comfort and become a winner in all areas, and in this way, influence many others.

In addition to this material, we also have another book called Cryptocurrencies – The Money of the Future, for those who want to learn more about the subject of Crypto Digital Economy, just access and download it at the author's website www.marcuslisboa.com.br, in addition, you can get to know the next book in the series: The Power of Vision with a Purpose, and the e-books of Crypto Assets, Crypto Trader and Crypto Economy courses available at www.cryptotech.com.br.

Author Contact:

Marcus Lisboa

Email: mvla2015@gmail.com / inepp@inepp.org.br /

eco.finances@principautedeseborga.com

Twiter: @Marcus_Lisboa38 - @interesseP

Parler: @MarcusLisboa   - @InteressePublico

Instagram: @marcusvlisboa - @doutorblockchain -

@interessepublicoBrasil

https://conservativecore.net/MarcusLisboa

Facebook: https://www.facebook.com/marcusvlisboa/

Linkedin: https://www.linkedin.com/in/bitsblockchain/

Site: www.marcuslisboa.com.br

www.inepp.org.br

www.popblockchain.com

www.cryptotech.com.br

www.ingramcontent.com/pod-product-compliance
Lightning Source LLC
LaVergne TN
LVHW050627200726

843506LV00010B/1152